이럴 땐 이렇게

코바늘 손뜨개 무엇이든 Q&A

일본보그사 편 | 김현영 옮김

한스미디어

Contents

뜨개질하기 전에
코바늘 손뜨개의 설명 부분을 보는 방법 ···· 4
코바늘 쥐는 방법과 실 거는 방법 ············ 12
코바늘과 실 ·· 12
게이지 계산 방법 ···································· 14
뜨개코의 높이와 기둥코 ·························· 16
기호도 보는 방법 ···································· 17

뜨개 기호 ··· 18
기초코와 1단 ······································ 26
짧은뜨기 ·· 27
한길 긴뜨기 ·· 28
그물뜨기 ·· 30
모눈뜨기(다발을 줍는다) ·························· 31

실을 바꾸는 방법
새 실을 잇는 방법 ·································· 32
가로줄무늬를 뜰 때 실 바꾸는 방법 ········ 33
실을 가로로 걸치는 배색뜨기 ·················· 34
실을 세로로 걸치는 배색뜨기 ·················· 35

코 줄이기·코 늘리기
옆선·소매 아래선 ···································· 36
진동둘레·목둘레 ····································· 38
어깨 경사 ·· 40
둥근 옷자락 ··· 42

꿰매기·잇기
어깨 잇기 ·· 44
옆선과 소매 아래선 꿰매기 ······················ 46
소매 달기 ·· 54

반소매 카디건
뜨는 방법 4쪽

★ 이 책에 실린 작품은 복제하여 판매하는 것이 금지되어 있습니다. 손뜨개를 즐기기 위해서만 이용해주시기 바랍니다.

모티브를 연결해서 뜨는 스웨터
뜨는 방법 8쪽

이 책을 사용하는 **방법**
이 책은 두 작품(2~3쪽)을 예로 들어 손뜨개 기법을 설명해 놓았습니다. 다른 손뜨개 작품을 뜰 때 참고하세요.

테두리뜨기
코줍는 방법 ······················· **48**
단춧구멍·단춧고리 ············· **52**
단추 달기 ·························· **53**

기초코
기초코가 부족하다면 ········· **29**
기초코가 너무 많다면 ········ **37**

모티브의 기초코
손가락에 실을 감아 원형코 만들기 ······· **56**
사슬뜨기로 원형코 만들기 ···················· **59**

모티브 뜨는 방법
짧은뜨기 ·························· **56·58**
한길 긴뜨기 ······················ **57**
그물뜨기 ·························· **59**

모티브를 마무리하는 방법 ········ **60**
배색실을 바꾸는 방법 ············· **62**
입체 모티브를 뜨는 방법 ········· **64**

모티브를 연결하는 방법
빼뜨기 ······························ **66**
짧은뜨기 ·························· **68**
한길 긴뜨기 ······················ **70**
나중에 연결하기 ··············· **72**

끈을 뜨는 방법
스레드 끈·이중사슬뜨기·새우뜨기 ········ **74**

스웨터 뜨기의 설명 부분을 이해하자!

반소매 카디건 / 사진 2쪽

● **준비물** Olympus Emmy Grande 베이지색(731) 315g=7타래, 지름 1.3cm의 단추 6개, 레이스 코바늘 0호

● **완성 치수** 가슴둘레 94.5cm, 어깨너비 38cm, 옷길이 52.5cm, 소매길이 25.5cm

● **게이지** 가로세로 10cm 무늬뜨기 38코×16단

● **뜨는 방법**
몸판…무늬뜨기는 사슬의 코산을 주워서 뜨기 시작합니다. 옆선과 진동둘레는 도안을 참조하여 코를 늘리거나 줄입니다. 가장자리 코는 한길 긴뜨기=사슬 3코, 긴뜨기=사슬 2코로 바꾸어서 뜹니다. '실을 건넨다'는 말이 나오면 바늘에 걸린 코에 실타래를 통과시켜서 코를 조이고, 화살표가 가리키는 코에 빼뜨기를 하고서 다음 단으로 넘어갑니다.
소매…몸판과 같은 요령으로 뜹니다.
마무리…어깨는 앞판과 뒤판의 겉면을 나란히 놓고서 휘감아 연결하고, 옆선과 소매 아래선은 '빼뜨기 1코·사슬 2코'를 하며 '사슬뜨기로 꿰매기'를 합니다. 테두리(목둘레단, 앞여밈단, 밑단)는 도안을 따라 짧은뜨기로 6단을 뜹니다. 소매와 몸판은 겉끼리 맞대어 잡고 '빼뜨기로 꿰매기'해 연결합니다.

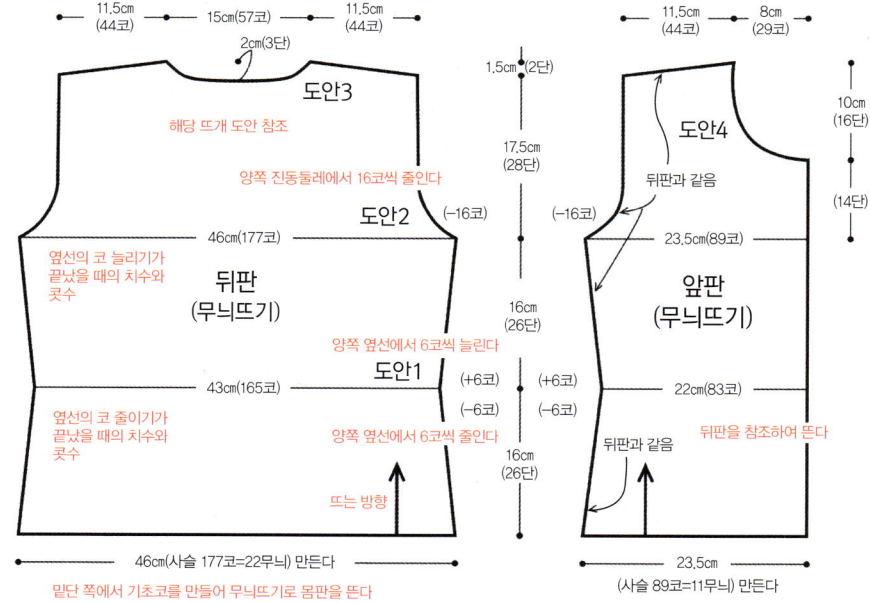

● '뜨는 방법'에서는 대개 실제로 뜨는 순서에 맞춰서 설명합니다. 숫자는 생략되기도 하며, 일반적인 순서는 다음과 같습니다.

1. 뒤판 2. 오른쪽 앞판 3. 왼쪽 앞판 4. 소매 2장
  기초코 26쪽
  1단 28쪽
  옆선·소매 아래선의 코 늘리기와 코 줄이기 36쪽
  진동둘레·목둘레 38쪽
  어깨 경사 40쪽
5. 어깨 잇기 44쪽
6. 옆선 꿰매기 46쪽
7. 소매 아래선 꿰매기 46쪽
8. 테두리뜨기 48쪽
9. 소매 달기 54쪽
10. 단추 달기 53쪽

- Olympus Emmy Grande

품질 면 100%
중량 50g 타래
길이 약 218m
실 종류 20번 레이스사(느슨한 꼬임)
바늘 호수 레이스 코바늘 0호~코바늘 2/0호

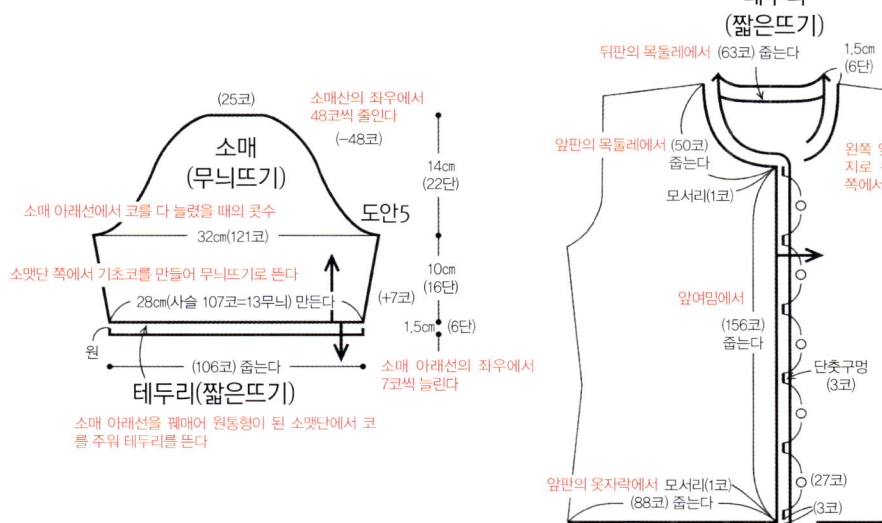

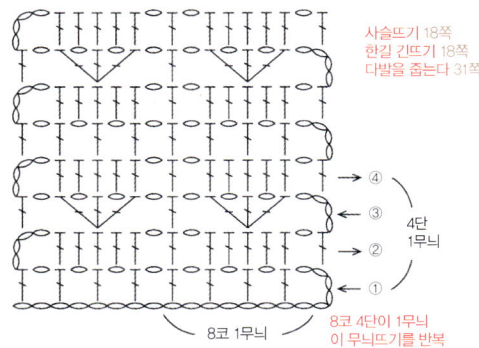

● 앞여밈단을 뜰 때 앞판에서 주울 코를 균등하게 분산하는 평균 계산

156÷66=2 나머지 24
↓
3코 줍는 단이 24단, 2코 줍는 단이 66−24=42단

42는 24의 배에 가까우므로, '3코 줍기 1회(3−1)와 2코 줍기 2회(2−2)'를 1세트로 하여 반복한다'를 기준으로 삼아 코를 줍습니다.
↓
3−1과 2−2를 교대로 21회 반복하면 3−30이 남으므로 이를 양쪽으로 나눕니다.
↓
3−1
3−1 ⟩21
2−2
3−2가 됩니다.
평균 계산은 아래에서 위로 읽습니다.

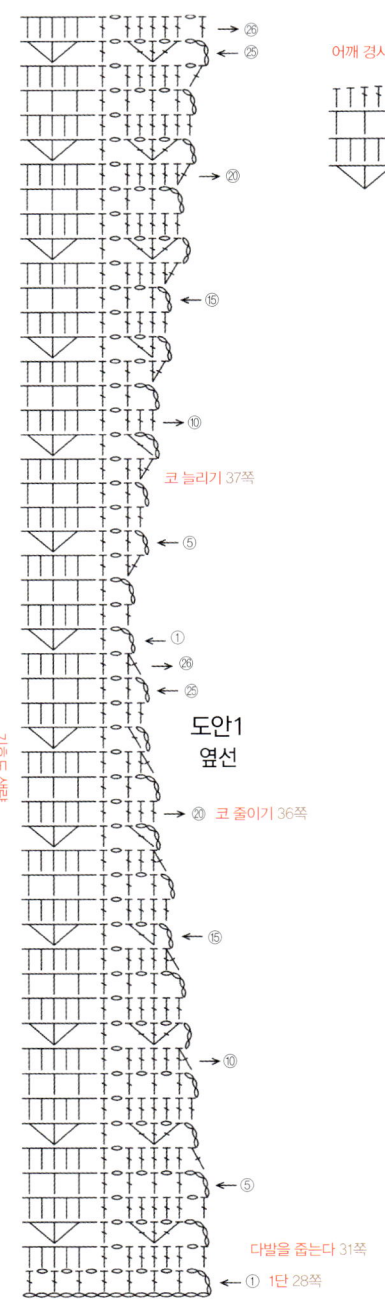
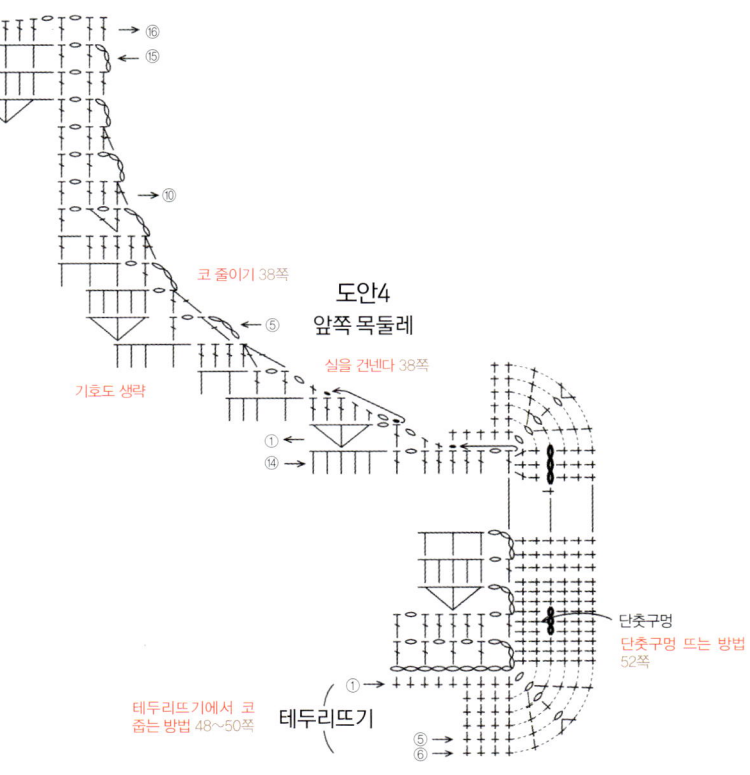

- **기호도 생략**: 생략된 부분은 무늬뜨기의 모양만 나와 있습니다. 한길 긴 뜨기가 도중에 긴뜨기로 바뀐 것이 아니므로 주의합니다.

- 뜨개 도안은 기본적으로 오른쪽(즉 뒤판, 오른쪽 앞판, 오른쪽 소매)만 표시합니다. 왼쪽 앞판이나 왼쪽 소매 등은 오른쪽을 참조하여 대칭형으로 떠야 합니다.

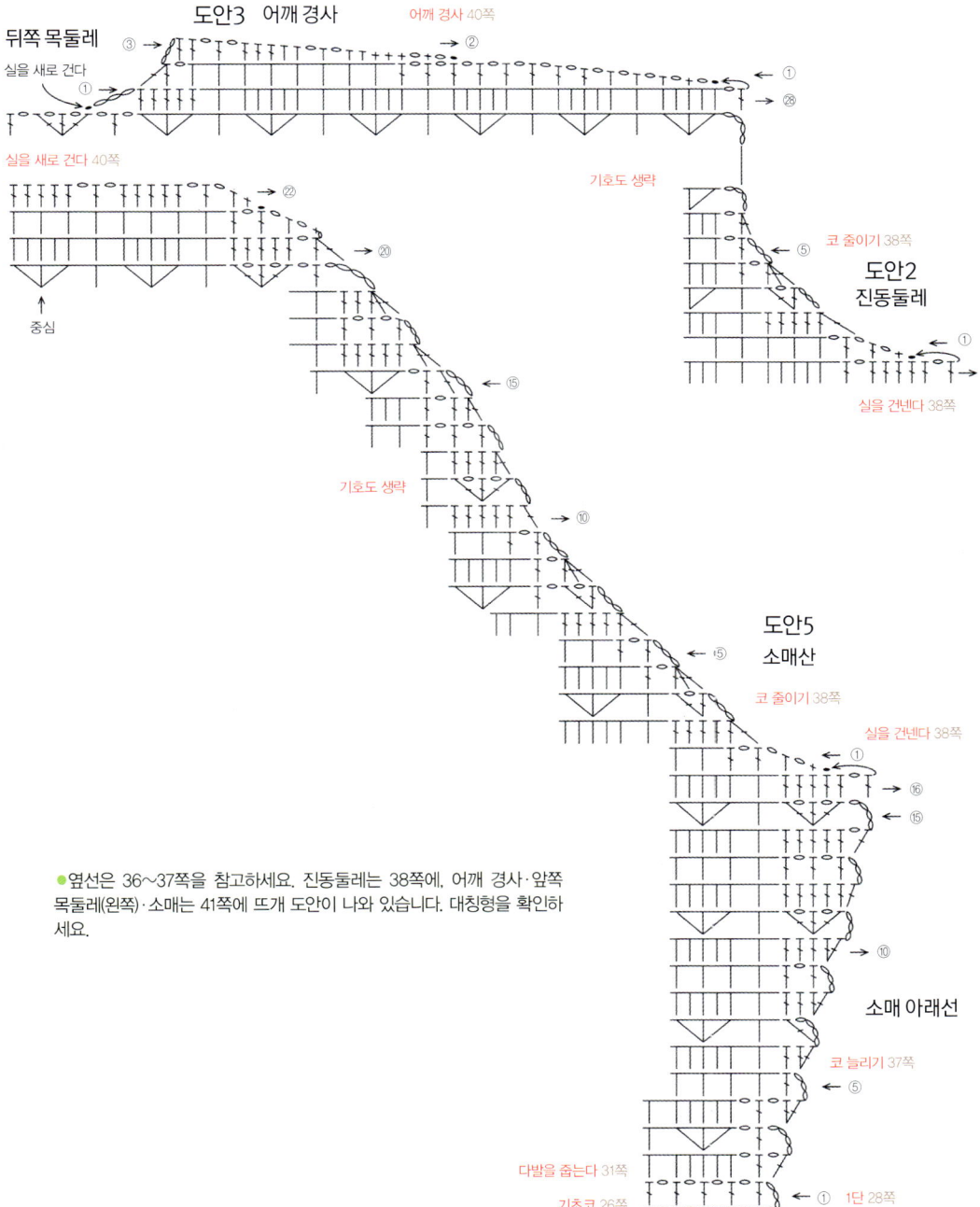

모티브를 연결해서 뜨는 스웨터 / 사진 3쪽

- **준비물** 합태사(무염색 340g, 크림색·초록색·파란색 각 25g, 분홍색 20g, 주황색 10g), 코바늘 6/0호
- **완성 치수** 가슴둘레 88cm, 옷길이 56cm, 화장 63cm
- **게이지** 모티브A 5.5cm×5.5cm, 모티브B 10cm×10cm
- **뜨는 방법**
모티브…손가락에 실을 감아 원형코를 만들고, 맨 마지막 단에서 모티브를 연결하며 뜹니다. A는 배색뜨기로 뜹니다. 몸판은 밑단 쪽에서 원형으로 연결하여 뜨고, 소매는 몸판에서 소맷단 쪽으로 진행하며 뜹니다. 겨드랑이 모티브는 마지막에 뜹니다.
마무리…모티브 연결하기A의 밑단과 소맷단 쪽을 테두리뜨기A로 정리합니다. 모티브 연결하기B를 떠서 테두리뜨기A와 연결합니다. 스레드 끈과 그 끝에 달 모티브를 각각 뜨고, 끈을 밑단과 소맷단에 꿰고서 그 끝에 모티브를 답니다.

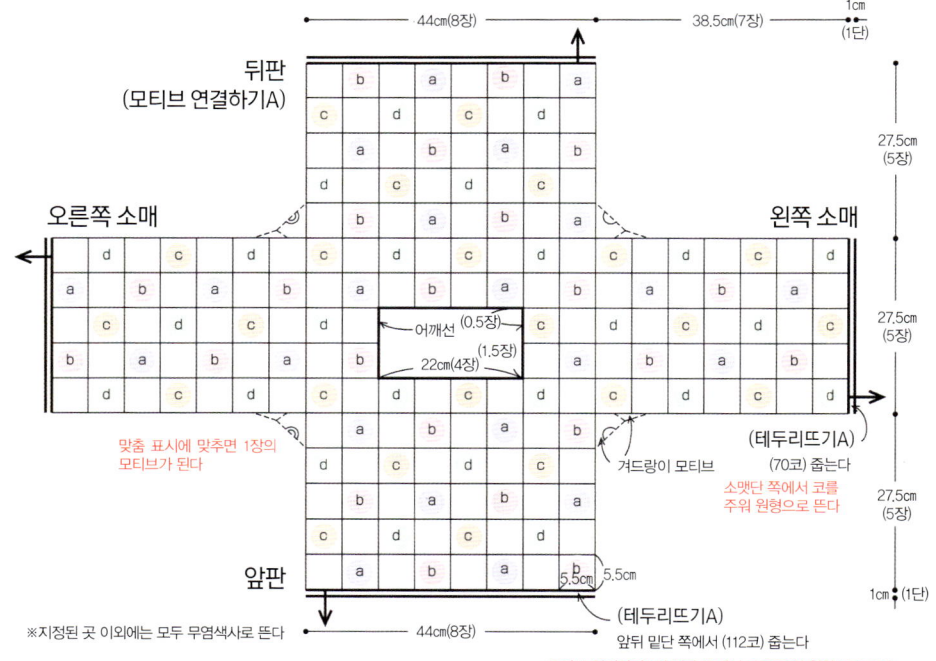

- '뜨는 방법'에서는 대개 실제로 뜨는 순서에 맞춰 설명합니다. 숫자는 생략되기도 하며, 일반적인 순서는 다음과 같습니다.

모티브A
1. 몸판은 밑단 쪽에서 원형으로 연결하며 뜹니다.
2. 소매는 몸판 쪽에서 원형으로 연결하며 뜹니다.
3. 왼쪽 앞단의 겨드랑이 모티브를 뜹니다.
4. 목둘레를 뜹니다.

모티브B
5. 밑단은 10장, 소맷단은 3장을 각각 뜨면서 연결합니다.
6. 밑단과 소맷단에 테두리뜨기B를 뜹니다.

마무리
7. 테두리뜨기A와 모티브 연결하기B를 잇습니다.
8. 스레드 끈을 떠서 정해진 위치에 꿉니다.
9. 끈 끝에 달 모티브를 뜨고, 이 모티브를 끈과 연결합니다.

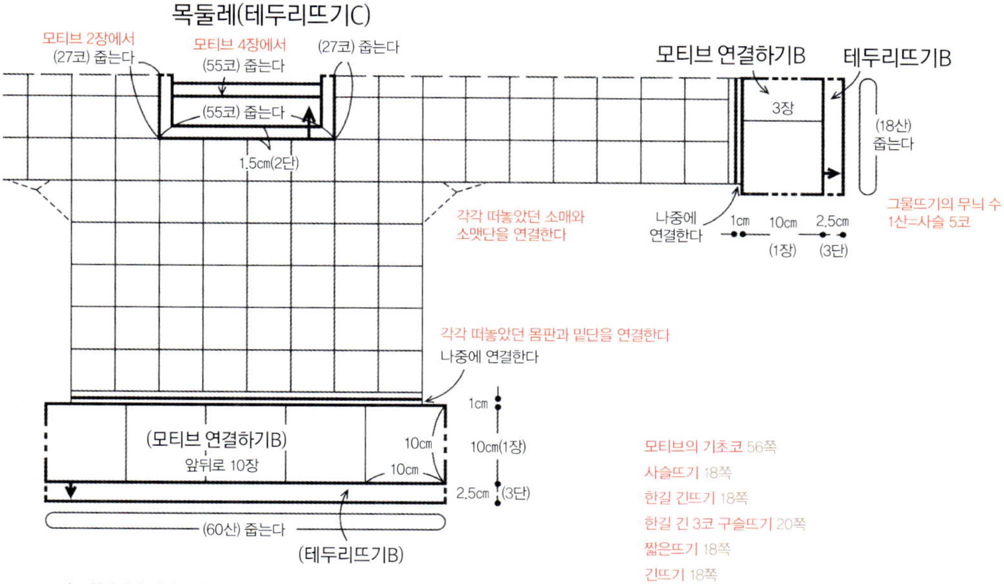

목둘레(테두리뜨기C)
모티브 2장에서
(27코) 줍는다
모티브 4장에서
(55코) 줍는다
(27코) 줍는다
(55코) 줍는다
1.5cm(2단)
모티브 연결하기B
테두리뜨기B
3장
(18산)
줍는다
그물뜨기의 무늬 수
1산=사슬 5코
각각 떠놓았던 소매와
소맷단을 연결한다
나중에
연결한다
1cm
10cm
(1장)
2.5cm
(3단)
각각 떠놓았던 몸판과 밑단을 연결한다
나중에 연결한다
(모티브 연결하기B)
앞뒤로 10장
10cm
10cm
1cm
10cm(1장)
2.5cm
(3단)
(60산) 줍는다
(테두리뜨기B)

모티브 연결하기B에서 코를 주워 테두리뜨기B를 원형으로 뜬다

모티브의 기초코 56쪽
사슬뜨기 18쪽
한길 긴뜨기 18쪽
한길 긴 3코 구슬뜨기 20쪽
짧은뜨기 18쪽
긴뜨기 18쪽
배색실을 바꾸는 방법 62쪽
모티브를 마무리하는 방법 60쪽
다발을 줍는다 31쪽

모티브A

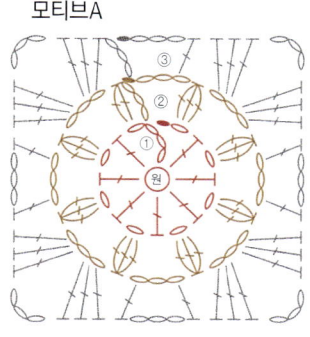

③
②
①
원

모티브B

⑤
④
③
②
①
원

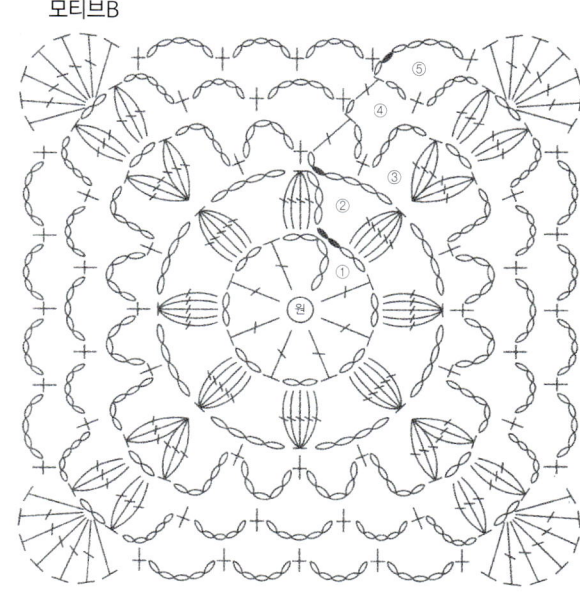

모티브A의 배색: 지정하지 않은 것은 무염색사로 뜬다.

	1단	2단	3단
a	초록색	파란색	무염색사
b	파란색	분홍색	
c	주황색	크림색	
d	크림색	초록색	

●이 작품에서는 모티브를 연결할 때 안면에서 바늘을 넣어 빼뜨기 했습니다. 그러나 겉면에서도 바늘을 넣어 모트브를 연결할 수 있습니다. 모티브를 연결하는 방법(66~72쪽)을 참조해 편한 방법으로 해보세요.

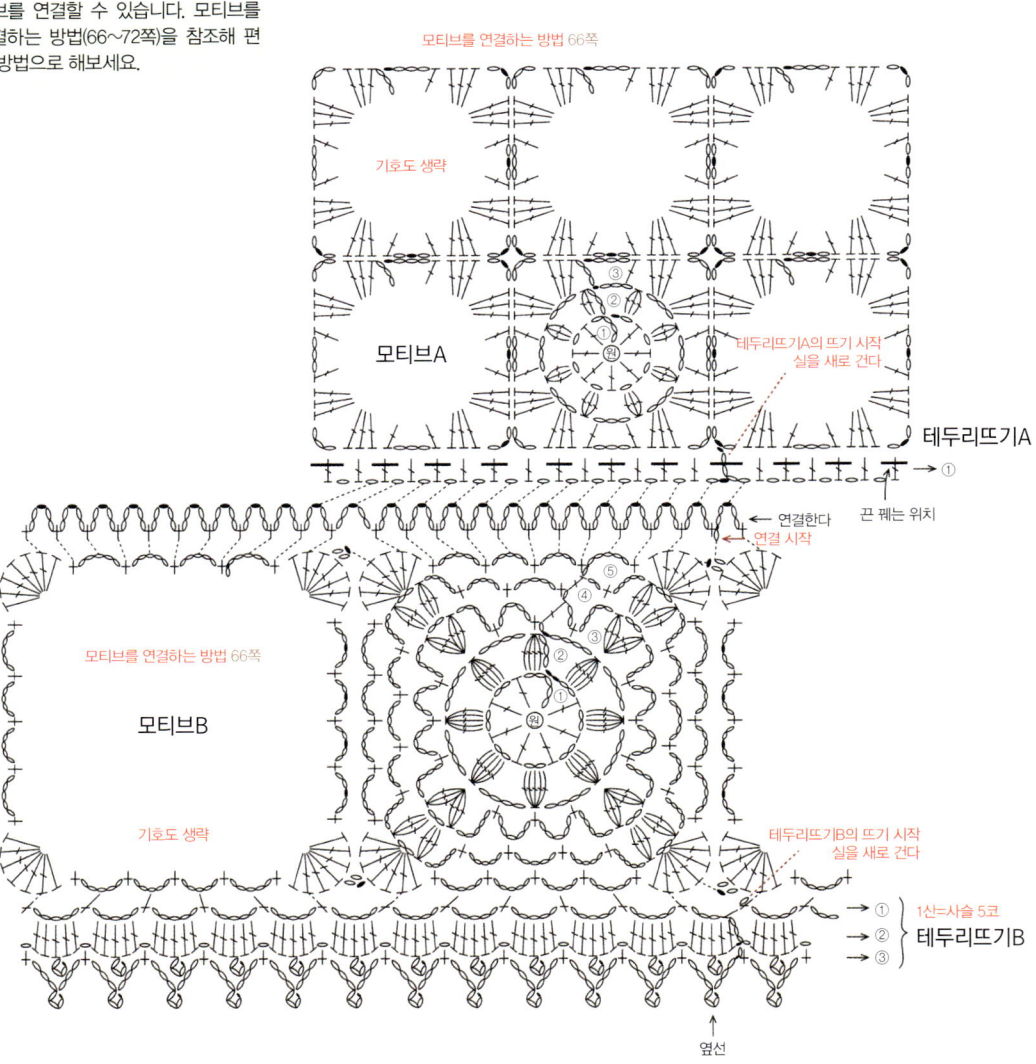

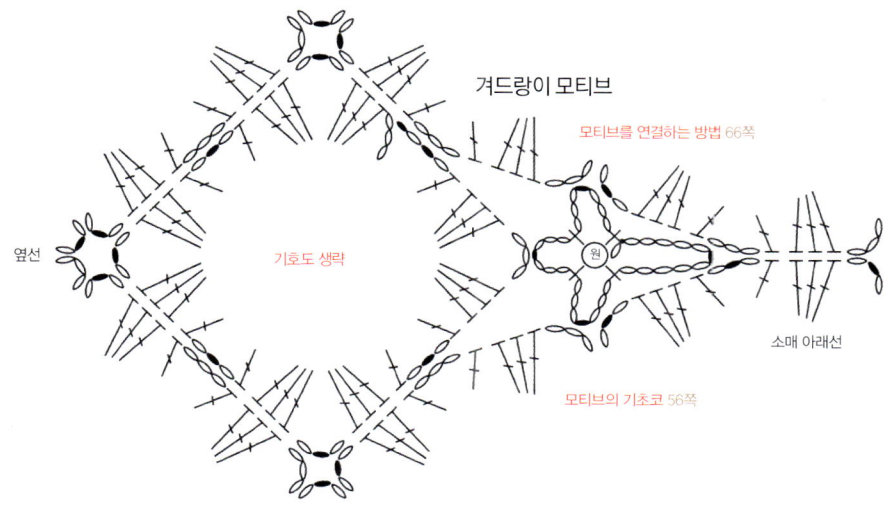

겨드랑이 모티브

모티브를 연결하는 방법 66쪽

옆선

기호도 생략

원

소매 아래선

모티브의 기초코 56쪽

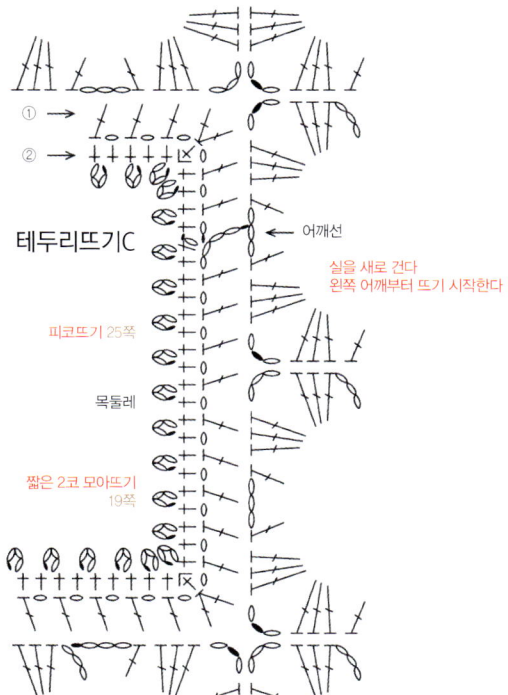

테두리뜨기C

어깨선

실을 새로 건다
왼쪽 어깨부터 뜨기 시작한다

피코뜨기 25쪽

목둘레

짧은 2코 모아뜨기
19쪽

끈에 달 모티브

6장

스레드 끈

몸판: 135cm 1개
소매: 55cm 2개

※스레드 끈을 뜨는 방법은 74쪽을 참고하세요.

모티브의 기초코 56쪽
한길 긴뜨기의 구슬뜨기 20쪽

● 합태사
품질 양모 100%
중량 25g 타래
길이 약 75m
실 종류 합태사
바늘 호수 코바늘 4/0~5/0호

코바늘 쥐는 방법과 실 거는 방법을 알려주세요.

  코바늘을 쥐고 바르게 실을 거는 것은 예쁜 뜨개코를 만들기 위한 포인트 중의 하나입니다.

●코바늘 쥐는 방법(오른손잡이)
오른손의 엄지와 검지로 가볍게 코바늘을 잡고, 중지를 코바늘 끝 쪽에 갖다 댑니다. 코바늘 끝 쪽에 댄 중지는 코바늘에 걸린 뜨개코를 누르는 역할도 합니다. 뜨개바탕은 왼손으로 가볍게 잡습니다. 코바늘 끝의 갈고리는 항상 아래를 향해야 합니다.

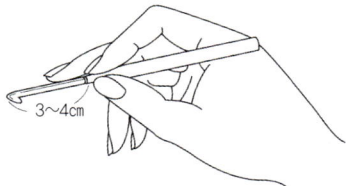

●실 거는 방법

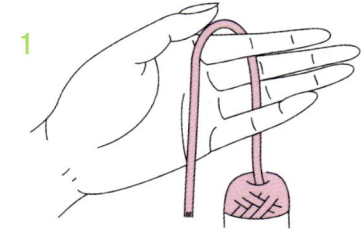
그림같이 왼손에 실을 걸고, 약지와 소지로 손에 걸린 실의 양을 조절합니다.

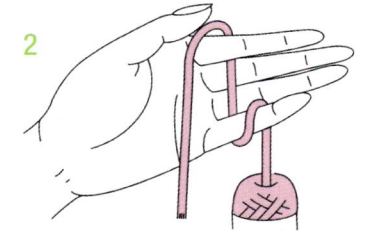
가늘거나 미끄러운 실을 사용할 때는 소지에 실을 한 번 감아서 실의 양을 조절합니다.

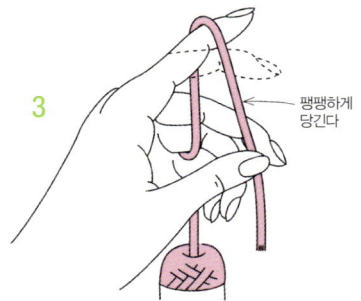
뜨개코에 맞춰서 검지로 실의 팽팽한 정도를 조절합니다. 검지는 항상 위아래로 움직여야 하며 실이 느슨해지지 않도록 주의합니다.

팽팽하게 당긴다

●코바늘과 실
실과 바늘의 관계(사진은 실물 크기)

실	바늘
레이스사 80번	레이스용 코바늘 10~12호
레이스사 40번	레이스용 코바늘 6~8호
	레이스용 코바늘 0호~코바늘 2/0호 Emmy Grande (레이스사 20번)
합태사	4/0~5/0호
중세사	3/0~4/0호
병태사	4/0~5/0호

코바늘의 굵기는 호수로 표시합니다. 2/0~10/0호까지 있으며 숫자가 클수록 굵어집니다. 이보다 굵은 코바늘은 mm 단위로 표시하며 7mm~15mm까지 있습니다. 2/0호보다 가는 코바늘은 '레이스용 코바늘'이라고 부릅니다. 이 바늘은 0호~12호까지 있으며 숫자가 클수록 가늘어집니다.

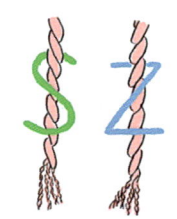

실은 꼰 방향에 따라 S연사(우연사)와 Z연사(좌연사)로 나뉩니다. S연사는 대바늘용 실이고, Z연사는 코바늘용 실입니다. 코바늘용 실에는 레이스사와 합태사 등이 있습니다.

돗바늘 (사진은 실물 크기)
No.20
No.18
No.17
No.15

가는 바늘이 쓰기 편합니다.

코바늘
(사진은 실물 크기)

레이스용 코바늘
더 가는 것도 있습니다.

12호 · 0.60mm
10호 · 0.75mm
8호 · 0.90mm
6호 · 1.00mm
4호 · 1.25mm
2호 · 1.50mm
0호 · 1.75mm

코바늘

2/0호 · 2.0mm
3/0호 · 2.3mm
4/0호 · 2.5mm
5/0호 · 3.0mm
6/0호 · 3.5mm
7/0호 · 4.0mm
7.5/0호 · 4.5mm
8/0호 · 5.0mm
9/0호 · 5.5mm
10/0호 · 6.0mm

점보 코바늘
이밖에 12mm, 15mm, 20mm 등도 있습니다.

10mm 8mm 7mm

게이지란 무엇인가요?

 게이지란 가로세로 10cm 안에 들어가는 표준 콧수와 단수를 말합니다. 이 책에 소개한 작품과 똑같은 크기로 뜨려면 가장 먼저 게이지를 측정해야 합니다. 작품을 뜨기 전에 손 연습 삼아 가로세로 12~13cm의 뜨개바탕을 뜬 후 콧수와 단수를 세어 뜨개코의 크기를 조절하면 됩니다.

● **게이지 계산 방법** 책에 나온 게이지를 참고로 견본을 뜹니다. 가로세로 모두 무늬를 확인할 수 있는 곳까지 뜹니다. 견본을 다 뜨면 가볍게 스팀다리미로 증기를 쐬어준 후 뜨개코가 수평·수직이 되도록 정리합니다. 증기가 빠지면 가로세로 10cm 안에 들어 있는 콧수와 단수를 셉니다.

● **규칙적인 뜨개바탕**
게이지: 가로세로 10cm 38코×16단·1무늬가 8코×4단
38코×1.2=45.6코(12cm의 뜨개바탕을 뜨려면 45~56코가 필요하다는 뜻)
1무늬가 8코이므로 45에 가장 가까운 공배수는 48
8코×6무늬+1코=49코
즉, 기초코를 49코 잡아서 뜨다가 세로 방향으로 12cm 정도 되는 단(20단)에서 끝냅니다.
즉, 10cm 안에 몇 코, 몇 단이 들어가는지 셉니다.

무늬뜨기

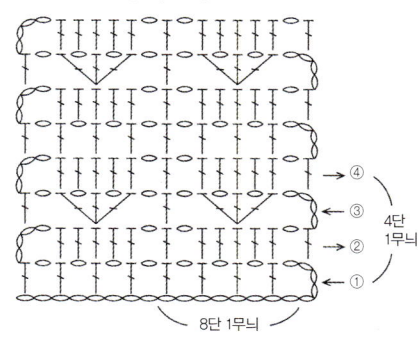

● 무늬가 복잡한 뜨개바탕

게이지: 가로세로 10cm 2.75무늬×16단(4무늬)·1무늬가 12코×4단

10cm÷2.75무늬≒3.6cm(1무늬의 크기)
3.6cm×3무늬=10.8cm
3.6cm×4무늬=14.4cm
3무늬로는 부족하므로 4무늬로 뜹니다.
12코×4무늬+1코=49코
즉, 기초코를 49코 잡아서 뜨다가 세로 방향으로 14cm 정도 되는 단(22단)에서 끝냅니다.
10cm: 2.75무늬
11cm: 3무늬
콧수는 3무늬가 약 11cm, 단수는 4무늬가 약 10cm입니다.

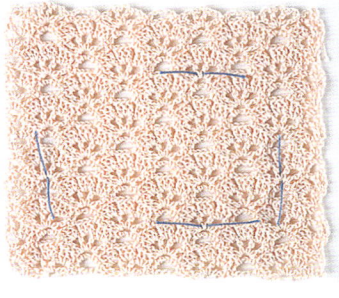
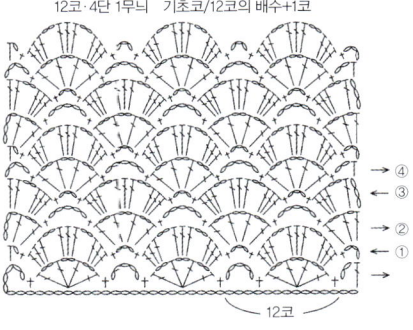

● 모티브

모티브를 1장 뜨고서 크기를 잽니다.

책의 게이지와 다를 땐 어떻게 해야 하나요?

책과 똑같은 실, 똑같은 바늘로 떴는데도 게이지가 달랐다면 바늘의 굵기를 바꾸어서 다시 뜬 후에 게이지를 계산합니다. 손뜨개 작품은 뜨는 사람의 손놀림에 따라 뜨개코 크기가 달라집니다. 빡빡하게 뜨는 사람은 1호 굵은 바늘을, 느슨하게 뜨는 사람은 1호 가는 바늘을 사용하는 것이 좋습니다.

책의 게이지가 아래와 같은 경우를 예로 들겠습니다.
무늬뜨기: 38코×16단 레이스용 코바늘 0호
모티브: 10cm×10cm 코바늘 6/0호

● 뜨개코가 컸다면

무늬뜨기: 가로로 10cm 안에 들어가는 콧수와 단수가 38코×16단보다 적을 때를 말합니다. 이럴 때는 1호 가는 바늘인 레이스용 코바늘 2호로 뜹니다.
모티브: 가로세로 10cm보다 크게 떠졌다면 코바늘 5/0호로 뜹니다.

● 뜨개코가 작았다면

무늬뜨기: 가로로 10cm 안에 들어가는 콧수와 단수가 38코×16단보다 많을 때를 말합니다. 이럴 때는 1호 굵은 바늘인 코바늘 2/0호로 뜹니다.
모티브: 가로세로 10cm보다 작게 떠졌다면 코바늘 7/0호로 뜹니다.

뜨개코의 높이와 기둥코란 무엇인가요?

 '기둥코'란 각 단을 뜨기 시작할 때 뜨는 사슬코를 말합니다. 이 사슬코는 그 단에서 떠야 하는 뜨개코의 높이에 맞춰 개수를 조절합니다. 일반적으로 짧은뜨기의 기둥코는 사슬 1코, 긴뜨기는 사슬 2코, 한길 긴뜨기는 사슬 3코, 두길 긴뜨기는 사슬 4코로 정해져 있습니다. 즉, 뜨개코가 높을수록 사슬코가 많아집니다.

● **뜨개코의 높이** 빼뜨기에서 두길 긴뜨기까지의 높이가 아래의 그림에 나와 있습니다. 짧은뜨기의 높이를 1로 보았을 때 긴뜨기는 2, 한길 긴뜨기는 3, 두길 긴뜨기는 4입니다. 빼뜨기는 높이가 없으므로 0입니다. 같은 뜨개코에서도 높이를 조절해서 뜰 수 있는데, 이 높이는 아래의 오른쪽 그림에 나와 있습니다. 짤막한 뜨개코의 높이는 손놀림으로 조절합니다.

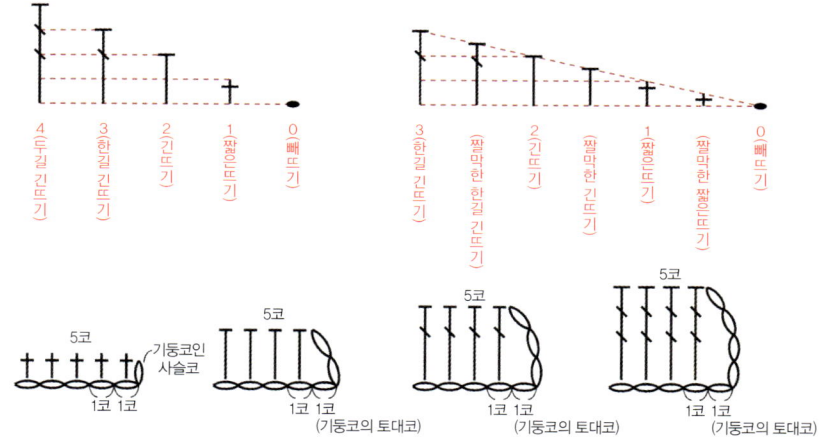

● **기둥코** 기둥코로 뜬 사슬코는 일반 사슬코와 달리 1코씩 세지 않습니다. 긴뜨기 이상의 높이를 가진 기둥코(사슬코)는 몇 코를 뜨든 1코로 계산합니다. 짧은뜨기의 기둥코는 아주 작아서 1코로 세지 않습니다.

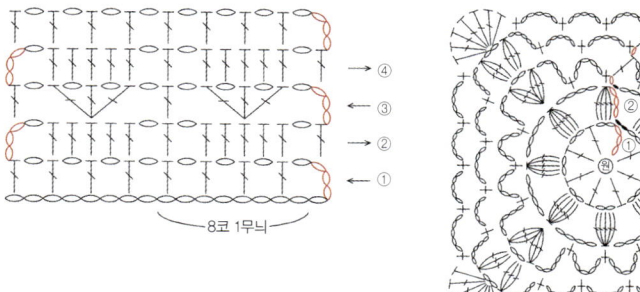

기호도 보는 방법이 궁금해요.

뜨개코는 모두 기호로 표시합니다. 이 기호로 작품의 도안을 나타낸 것을 '기호도'라고 합니다. 기호도에는 작품의 겉면이 나와 있습니다. 그래서 왕복뜨기(평뜨기)를 할 경우, 기둥코인 사슬코가 오른쪽에 있는 단은 뜨개바탕의 겉면을 보면서 기호도의 오른쪽부터 뜨기 시작합니다. 기둥코가 왼쪽에 있는 단은 뜨개바탕의 안면을 보면서 기호도의 왼쪽부터 뜨기 시작합니다.

● 왕복뜨기

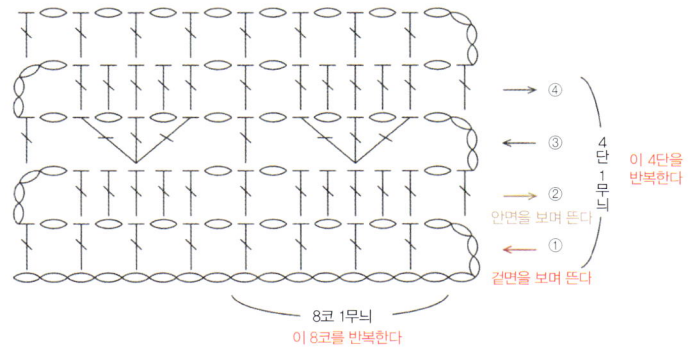

● 짧은뜨기의 기호

JIS(일본공업규격)에서 정한 짧은뜨기의 기호는 '×'입니다. 그러나 이 책에서는 '+'로 표시했습니다. 이는 표현상의 이점을 고려한 결과입니다.

JIS   이 책의 기호

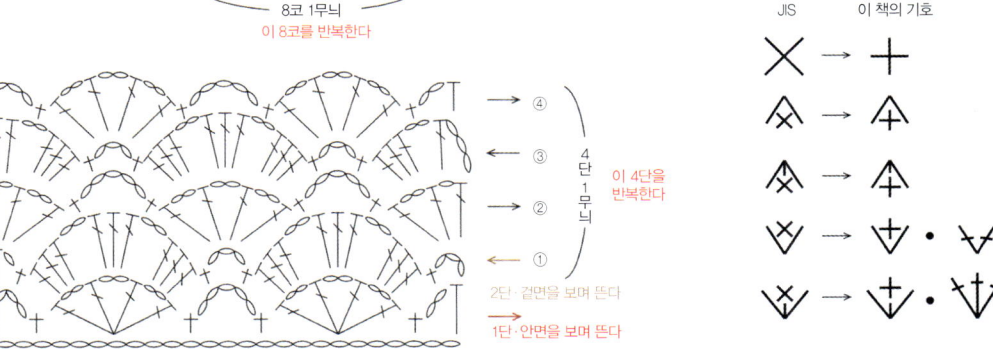

● 원형뜨기

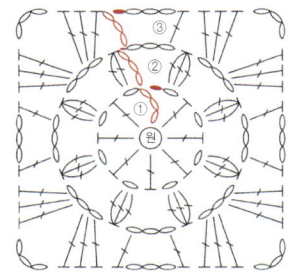

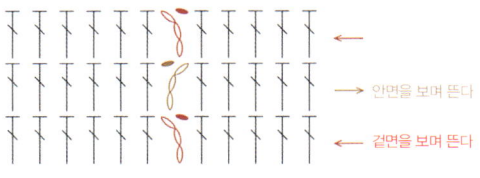

코줍는 방법
(앞단 코에 바늘을 넣는 것을 줍는다라고 표현한다)

앞단의 사슬을 다발로 줍는다

앞단의 1코에 뜬다

뜨개 기호의 뜨는 방법을 알아보자!

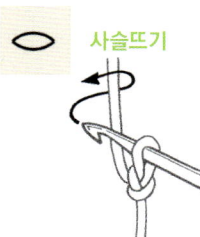 사슬뜨기   빼뜨기

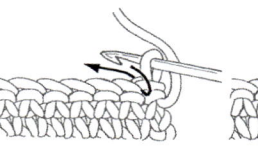

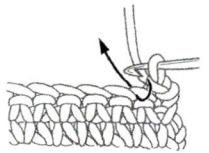

1 바늘 끝을 화살표같이 움직여 실을 바늘의 뒤에서 앞으로 겁니다.

2 고리 안으로 실을 빼냅니다. 1·2를 반복합니다.

1 기둥코는 뜨지 않고, 화살표같이 바늘을 넣습니다.

2 바늘에 실을 걸고 한 번에 빼냅니다.

3 2번째 코는 화살표 위치에 바늘을 넣고 같은 요령으로 빼냅니다.

 또는 짧은뜨기

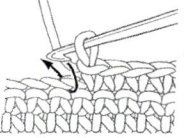
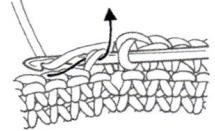
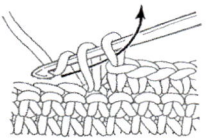
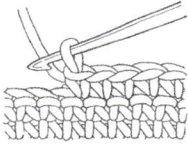

1 앞단 코의 사슬 모양 실 2가닥에 바늘을 넣습니다.

2 바늘의 뒤에서 앞으로 실을 걸고, 화살표같이 빼냅니다.

3 다시 한 번 바늘에 실을 걸고, 바늘에 걸린 2개의 고리로 한 번에 빼냅니다.

4 '짧은뜨기'를 떴습니다.

 긴뜨기

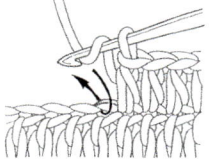
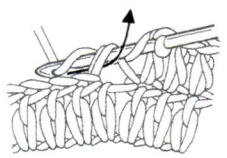
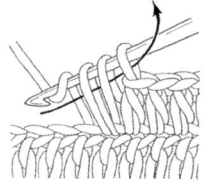
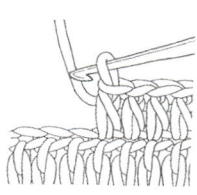

1 바늘에 실을 걸고, 앞단 코의 사슬 모양 실 2가닥에 바늘을 넣습니다.

2 바늘의 뒤에서 앞으로 실을 걸고, 화살표같이 빼냅니다.

3 다시 한 번 바늘에 실을 걸고, 바늘에 걸린 3개의 고리로 한 번에 빼냅니다.

4 '긴뜨기'를 완성한 모습입니다.

 한길 긴뜨기

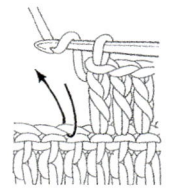
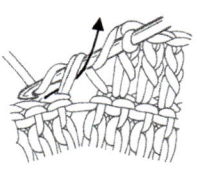
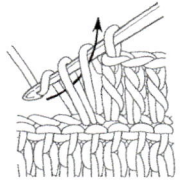
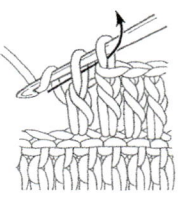

1 바늘에 실을 걸고, 앞단 코의 사슬 모양 실 2가닥에 바늘을 넣습니다.

2 바늘의 뒤에서 앞으로 실을 걸고, 화살표같이 빼냅니다.

3 바늘에 실을 걸고, 바늘 앞쪽에 걸려 있는 2개의 고리로 한 번에 빼냅니다.

4 다시 한 번 실을 걸고, 남은 2개의 고리로 한 번에 빼내면 완성입니다.

두길 긴뜨기

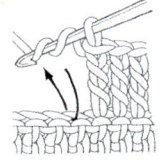
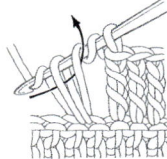
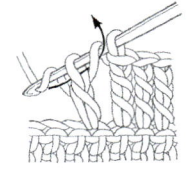
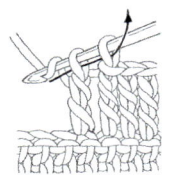

1 바늘에 실을 두 번 감고, 앞단 코의 사슬 모양 실 2가닥에 바늘을 넣습니다.

2 바늘에 실을 걸어 앞쪽 2개의 고리로 한 번에 빼냅니다.

3 다시 바늘에 실을 걸어 앞쪽 2개의 고리로 한 번에 빼냅니다.

4 다시 실을 걸고, 남은 2개의 고리로 한 번에 빼내면 완성입니다.

 **세길 긴뜨기**

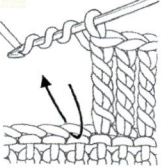

바늘에 실을 세 번 감고, 두길 긴뜨기와 같은 요령으로 뜹니다.

 또는 **짧은 2코 모아뜨기**

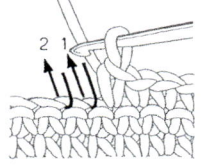
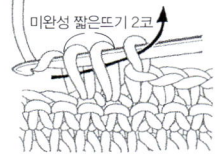
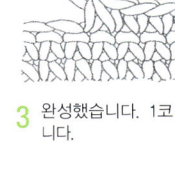

1 앞단의 1코에 1코씩 '미완성 짧은뜨기'를 2코 뜹니다.

2 바늘에 실을 걸고, 바늘에 걸린 3개의 고리로 한 번에 빼냅니다.

3 완성했습니다. 1코 줄었습니다.

 또는

짧은 3코 모아뜨기

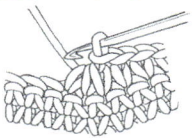

'미완성 짧은뜨기'를 3코 뜨고, 4개의 고리로 한 번에 빼냅니다. 2코 줄었습니다.

 긴 2코 모아뜨기

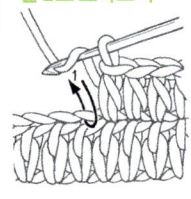
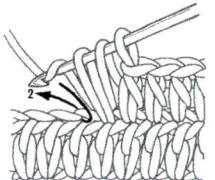
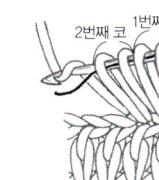
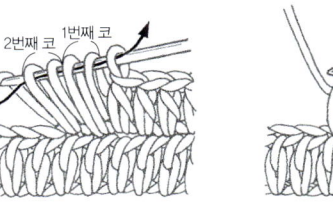

1 앞단의 1코에 미완성 긴뜨기를 1코 뜹니다.

2 다음 코에도 미완성 긴뜨기를 1코 뜹니다.

3 바늘에 실을 걸고, 바늘에 걸린 5개의 고리로 한 번에 빼냅니다.

4 완성했습니다. 1코가 줄었습니다.

한길 긴 2코 모아뜨기

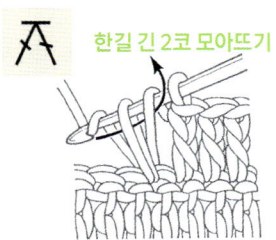
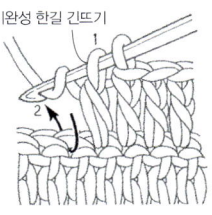
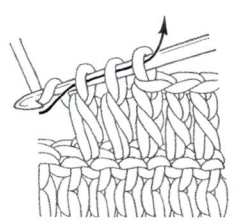
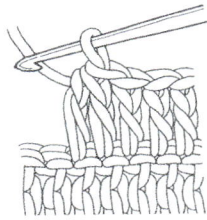

1 앞단의 1코에 미완성 한길 긴뜨기를 1코 뜹니다.

2 다음 코에도 미완성 한길 긴뜨기를 1코 뜹니다.

3 바늘에 실을 걸고, 바늘에 걸린 고리로 화살표처럼 한 번에 빼냅니다.

4 완성했습니다. 1코 줄었습니다.

또는 **짧은 2코 늘려뜨기**(한 코에서)

  또는
짧은 3코 늘려뜨기(한 코에서)

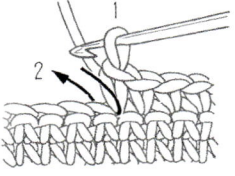
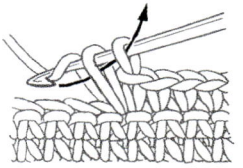
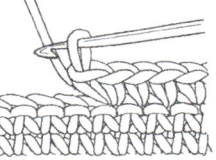

1 똑같은 코에 바늘을 넣습니다.

2 짧은뜨기를 1코 더 뜹니다.

3 '짧은 2코 늘려뜨기'를 완성했습니다.

1코에 짧은뜨기 3코를 떠 넣으면 완성입니다.

 긴 2코 늘려뜨기(한 코에서)

 한길 긴 2코 늘려뜨기

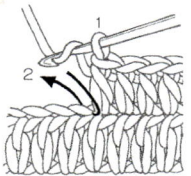
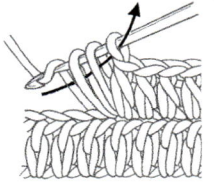
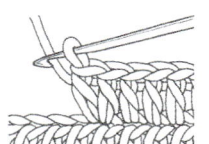
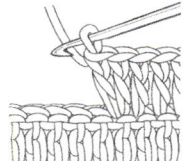

1 똑같은 코에 바늘을 넣습니다.

2 긴뜨기를 1코 더 뜹니다.

3 '긴 2코 늘려뜨기'를 완성했습니다.

앞단의 1코에 한길 긴뜨기를 2코 뜨면 완성입니다.

 긴 3코 구슬뜨기(한 코에서)

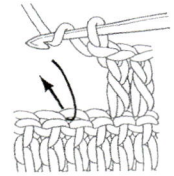
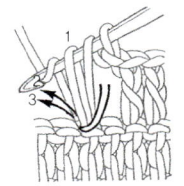
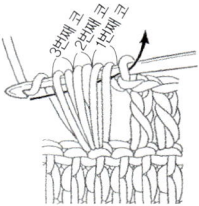
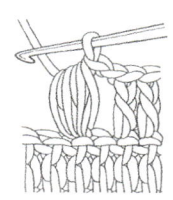

1 긴뜨기의 요령으로 실을 조금 길게 빼냅니다(미완성 긴뜨기).

2 1과 같은 코에 바늘을 넣고 미완성 긴뜨기를 2코 더 뜹니다.

3 바늘에 실을 걸고, 바늘에 걸린 고리로 한 번에 빼냅니다.

4 '긴 3코 구슬뜨기'를 완성했습니다.

 한길 긴 3코 구슬뜨기(한 코에서)

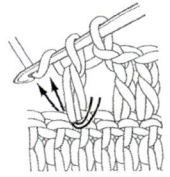
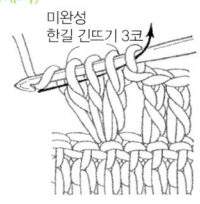
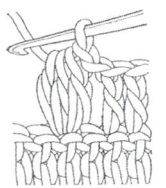
 와 차이

1 앞단의 1코에 미완성 한길 긴뜨기를 뜨고, 같은 코에 미완성 한길 긴뜨기를 2코 더 뜹니다.

2 바늘에 실을 걸고, 화살표 같이 4개의 고리로 한 번에 빼냅니다.

3 '한길 긴 3코 구슬뜨기'를 완성했습니다.

기호의 아래쪽이 닫혀 있으면 '한 코를 주워서' 뜨고, 아래쪽이 열려 있으면 앞단의 사슬을, '다발로 주워서' 뜹니다.

긴 5코 팝콘뜨기(한 코에서)

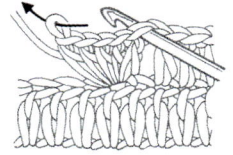
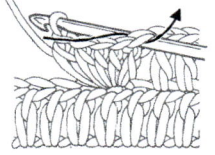
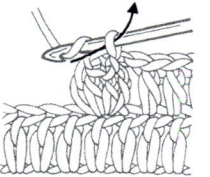
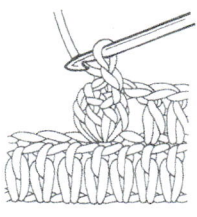

1 같은 코에 긴뜨기를 5코 뜨고, 바늘을 빼서 1번째 코와 마지막 고리에 넣습니다.

2 마지막 고리를 화살표같이 빼냅니다.

3 바늘에 실을 걸고 사슬 1코를 떠서 뜨개코를 조입니다.

4 '긴 5코 팝콘뜨기'를 완성했습니다.

 한길 긴 5코 팝콘뜨기(한 코에서)

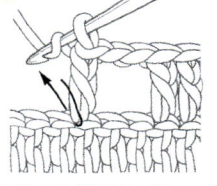
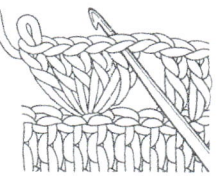
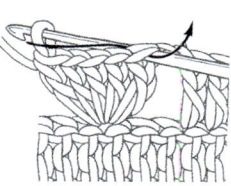
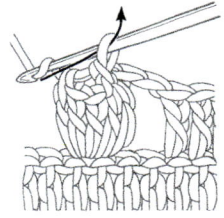

1 똑같은 코에 한길 긴뜨기를 5코 뜹니다.

2 일단 바늘을 빼서 1번째 코에 바늘을 넣습니다.

3 이어서 벗겨낸 고리에 바늘을 넣고 화살표같이 빼냅니다.

4 바늘에 실을 걸고 사슬 1코를 떠서 뜨개코를 조이면 완성입니다.

 긴 3코 변형 구슬뜨기(한 코에서)

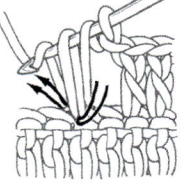
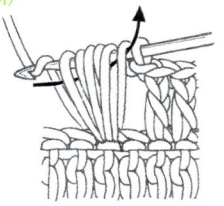
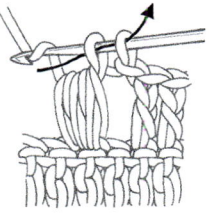
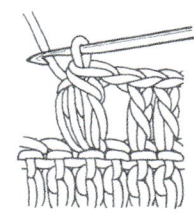

1 같은 코에 미완성 긴뜨기를 3코 뜹니다.

2 바늘에 실을 걸고, 바늘에 걸린 6개의 고리로 한번에 빼냅니다.

3 바늘에 실을 다시 걸고, 남은 고리 안으로 빼냅니다.

4 '긴 3코 변형 구슬뜨기'를 완성했습니다.

 빼뜨기가 기둥코인 구슬뜨기

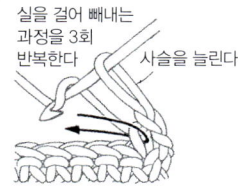
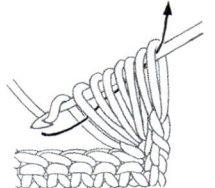
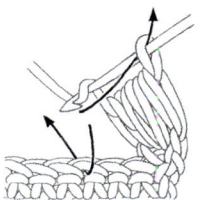
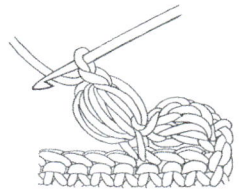

1 바늘에 걸린 사슬코를 구슬뜨기의 길이만큼 늘리고, '긴 3코 구슬뜨기'의 요령으로 실을 빼냅니다.

2 바늘에 실을 걸고 한 번에 빼냅니다.

3 사슬 1코를 떠서 뜨개코를 조이고, 앞단 코에 짧은뜨기를 떠서 고정합니다.

4 1~3을 반복합니다.

또는 짧은 이랑뜨기(왕복뜨기)

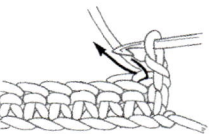

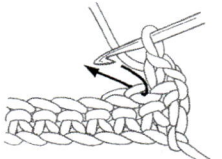
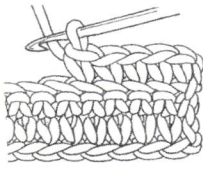

1 앞단 코의 오른쪽 반코에 바늘을 넣습니다.
2 짧은뜨기를 합니다.
3 다음 코도 오른쪽 반코(사슬 모양의 2가닥 중 1가닥)에 짧은뜨기를 합니다.
4 다음 단도 오른쪽 반코에 짧은뜨기를 합니다. 왕복뜨기로 합니다.

 또는 짧은 앞걸어뜨기

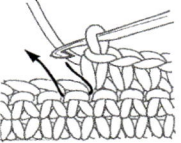
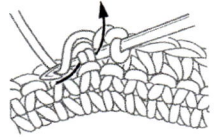
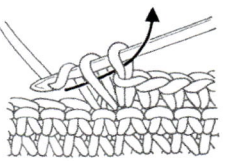
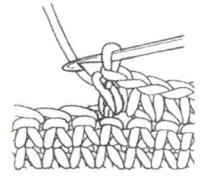

1 앞단 코의 다리에 뜨개바탕의 겉면에서 화살표같이 바늘을 넣습니다.
2 바늘에 실을 걸고, 화살표같이 고리를 길게 빼냅니다.
3 바늘에 실을 걸고, 바늘에 걸린 2개의 고리로 한 번에 빼냅니다(짧은뜨기를 합니다).
4 '짧은 앞걸어뜨기'를 완성했습니다.

 긴 앞걸어뜨기

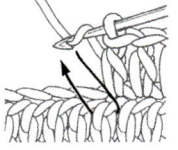
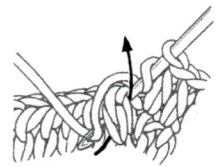
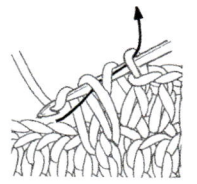
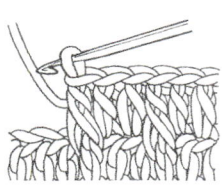

1 바늘에 실을 걸고, 앞단 코의 다리에 뜨개바탕의 겉면에서 화살표같이 바늘을 넣습니다.
2 바늘에 실을 걸고, 화살표같이 고리를 길게 빼냅니다.
3 바늘에 실을 걸고, 바늘에 걸린 3개의 고리로 한 번에 빼냅니다.
4 '긴 앞걸어뜨기'를 완성했습니다.

 한길 긴 앞걸어뜨기

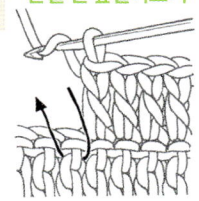
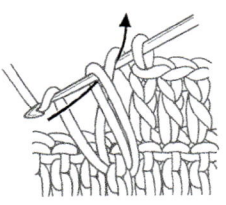
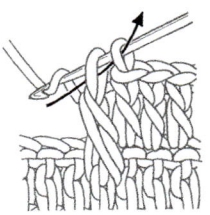

1 바늘에 실을 걸고, 앞단 코의 다리에 뜨개바탕의 겉면에서 화살표같이 바늘을 넣습니다.
2 바늘에 실을 걸어 길게 빼내고, 다시 실을 걸어 2개의 고리로 빼냅니다.
3 다시 한 번 바늘에 실을 걸고, 남은 2개의 고리로 빼냅니다.
4 '한길 긴 앞걸어뜨기'를 완성했습니다.

또는 **짧은 이랑뜨기(원형뜨기)**

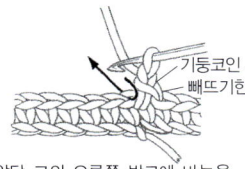
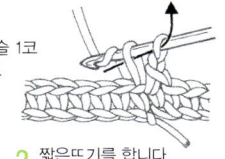
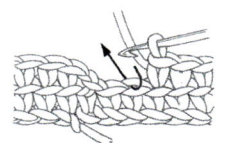
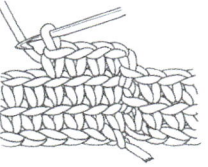

1 앞단 코의 오른쪽 반코에 바늘을 넣습니다.
2 짧은뜨기를 합니다.
3 다음 단도 마찬가지로 오른쪽 반코에 짧은뜨기를 합니다.
4 단마다 뜨개바탕의 겉면을 보며 뜹니다.

 또는 **짧은 뒤걸어뜨기**

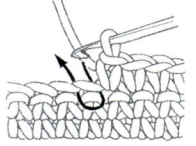
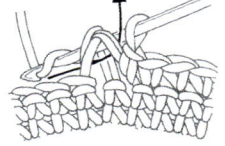
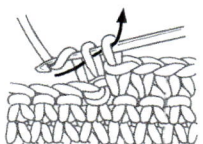
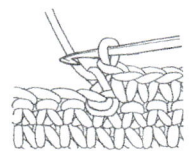

1 앞단 코의 다리에 뜨개바탕의 안면부터 화살표같이 바늘을 넣습니다.
2 바늘에 실을 걸고, 화살표같이 고리를 길게 빼냅니다.
3 바늘에 실을 걸고, 바늘에 걸린 2개의 고리로 한 번에 빼냅니다.
4 '짧은 뒤걸어뜨기'를 완성했습니다.

 긴 뒤걸어뜨기

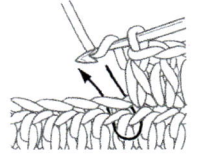
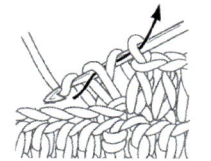
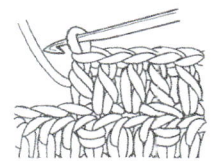

1 바늘에 실을 걸고, 앞단 코의 다리에 안면부터 화살표같이 바늘을 넣습니다.
2 바늘에 실을 걸고, 화살표같이 고리를 길게 빼냅니다. 이어서 바늘에 걸린 고리로 한 번에 빼냅니다.
3 '긴 뒤걸어뜨기'를 완성했습니다.

 한길 긴 뒤걸어뜨기

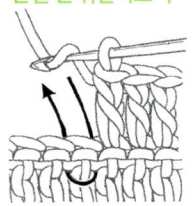
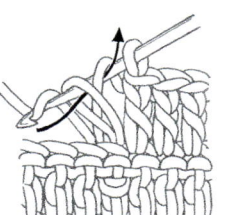
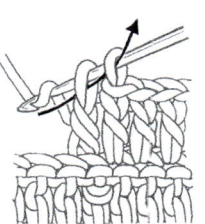
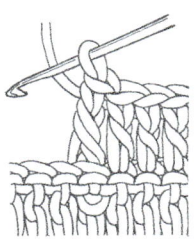

1 바늘에 실을 걸고, 앞단 코의 다리에 안면부터 화살표같이 바늘을 넣습니다.
2 바늘에 실을 걸고, 고리를 길게 빼냅니다. 이어서 실을 걸고 2개의 고리로 빼냅니다.
3 다시 한 번 바늘에 실을 걸고, 남은 2개의 고리로 빼냅니다.
4 '한길 긴 뒤걸어뜨기'를 완성했습니다.

또는 짧은 링뜨기

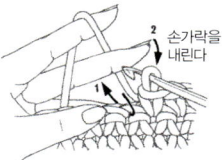
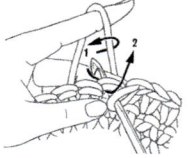
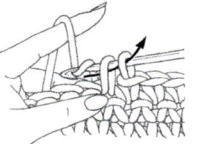
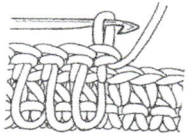

1 앞단 코에 바늘을 넣고, 왼손의 중지로 실을 눌러 내립니다.

2 중지로 뜨개바탕과 실을 잡고, 화살표같이 바늘을 움직여서 실을 걸어 빼냅니다.

3 바늘에 실을 걸고 바늘에 걸린 고리로 한 번에 빼냅니다. 중지를 빼면 뒤쪽(겉면)에 고리(링)가 생깁니다.

4 1~3을 반복합니다. 링뜨기는 안면을 보며 뜨는 단에서 뜹니다.

 한길 긴 링뜨기

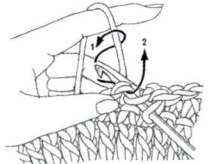
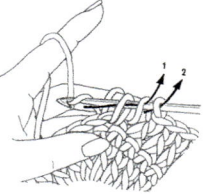
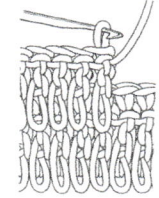

1 바늘에 실을 걸고 앞단 코에 바늘을 넣은 후 중지로 실을 내립니다.

2 중지로 뜨개바탕과 실을 잡고, 화살표같이 바늘을 움직여서 실을 걸어 빼냅니다.

3 한길 긴뜨기를 뜹니다. 중지를 빼면 뒤쪽(겉면)으로 고리(링)가 생깁니다.

4 1~3을 반복합니다. 링은 뜨개코 중간에 생깁니다.

 한길 긴 1코 교차뜨기

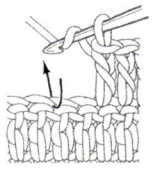
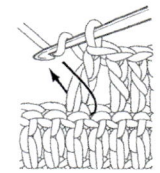
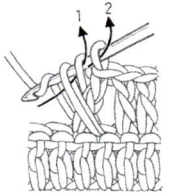
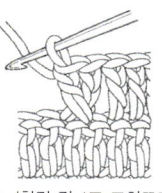

1 1코 걸러서 다음 코에 바늘을 넣어 한길 긴뜨기를 합니다.

2 바늘에 실을 걸고, 거른 코로 돌아와 바늘을 넣습니다.

3 바늘에 실을 걸어 빼내고, 먼저 뜬 코를 감싸듯이 한길 긴뜨기를 합니다.

4 '한길 긴 1코 교차뜨기'를 완성했습니다.

 변형 한길 긴 1코 교차뜨기(왼코 뒤)

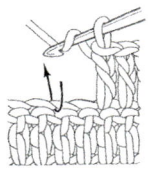
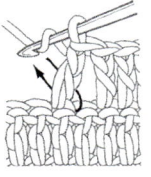
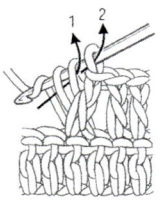
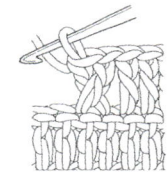

1 1코 걸러 다음 코에 바늘을 넣어 한길 긴뜨기를 합니다.

2 바늘에 실을 걸고, 뜬 코의 뒤쪽에서 거른 코에 바늘을 넣습니다.

3 화살표처럼 한길 긴뜨기를 합니다.

4 2코를 교차한 상태로 완성했습니다.

 변형 한길 긴 1코 교차뜨기(오른코 뒤)

먼저 뜬 코의 앞쪽에서 거른 코에 바늘을 넣어 한길 긴뜨기를 뜹니다.

되돌아 짧은뜨기

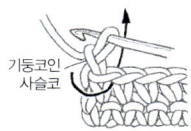  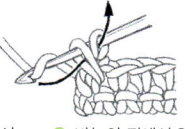   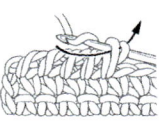

1 뜨개바탕의 방향은 그 대로 둔 채 기둥코인 사 슬코를 뜨고, 화살표같 이 바늘을 넣습니다.

2 그림같이 실의 위에서 바늘을 걸어 그대로 앞으로 빼냅니다.

3 바늘의 뒤에서 앞 으로 실을 걸어 2개의 고리로 한 번에 빼냅니다.

4 1코 떴습니다.

5 다음 코도 1~3을 반복합니다.

6 왼쪽에서 오른쪽 으로 진행합니다.

   ### 바늘 돌려서 짧은뜨기

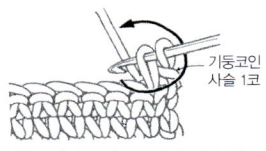  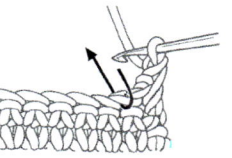 

1 짧은뜨기의 요령으로 실을 길게 빼 내고, 바늘 끝을 빙글 돌립니다.

2 바늘의 뒤에서 앞으로 실을 걸고, 2개의 고리로 한 번에 빼냅니다.

3 다음 코에 바늘을 넣고 1·2를 반복합니다.

4 테두리뜨기의 마지막 단 에 사용합니다.

빼뜨기의 피코뜨기 (짧은뜨기에서)

빼뜨기의 피코뜨기 (사슬뜨기에서)

 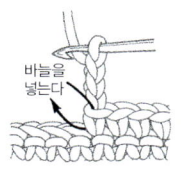 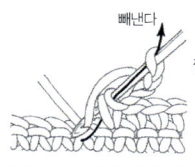 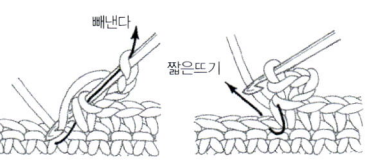 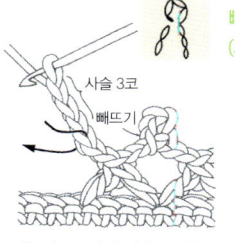 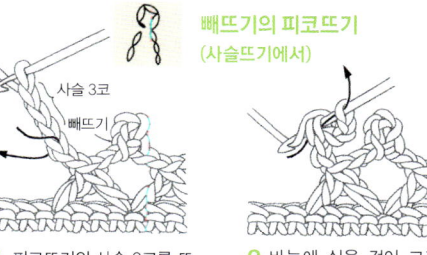

1 사슬 3코를 뜨고, 화 살표같이 바늘을 넣습 니다.

2 바늘에 실을 걸어 한 번에 빼냅니다.

3 '빼뜨기의 피코뜨기'를 완성했습니다.

1 피코뜨기의 사슬 3코를 뜨 고, 4코 돌아온 사슬코에 바늘을 넣습니다(반코와 코산을 줍습니다).

2 바늘에 실을 걸어 고리 안으로 한 번에 빼냅니다.

칠보뜨기

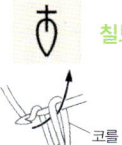 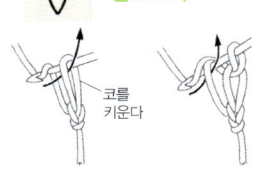 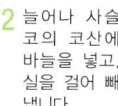 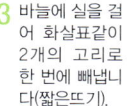

1 사슬 1코를 뜨 고, 바늘에 걸린 코를 길게 늘인 후 실을 걸어 빼 냅니다.

2 늘어나 사슬 코의 코산에 바늘을 넣고, 실을 걸어 빼 냅니다.

3 바늘에 실을 걸 어 화살표같이 2개의 고리를 한 번에 빼냅니 다(짧은뜨기).

4 바늘에 걸린 코를 길게 늘리고, 실 을 걸어 빼낸 뒤 2·3을 반복해 2번 째 코를 뜹니다.

5 2단으로 넘어갈 때 는 4코 되돌아간 코 에 짧은뜨기를 떠서 고정합니다. 4코 2단 이 1무늬입니다.

6 이어서 2코를 뜨고 앞단의 2코 앞에 짧은뜨기로 고정합니다. 3단 이후에도 같은 요령으로 합니다.

기초코가 자꾸 말려 올라가요.

코바늘 손뜨개에서는 일반적으로 '사슬뜨기'로 기초코를 만듭니다. 그런데 사슬뜨기에서 코를 주우면 사슬이 위로 당겨져서 기초코의 길이가 줄어들게 됩니다. 따라서 기초코로 삼을 사슬뜨기는 느슨하게 떠야 합니다. 기초코를 뜰 때의 바늘 굵기와 기초코에서 코를 줍는 방법을 알아보겠습니다.

●사슬뜨기 기초코

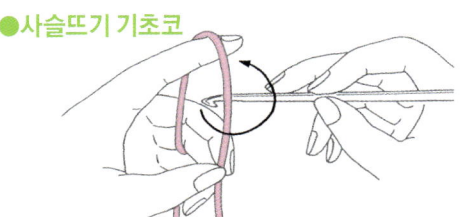

1 바늘을 실의 뒤쪽에 대고, 화살표같이 앞쪽으로 한 바퀴 돌려 실을 감습니다.

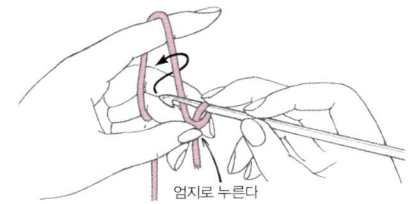

2 실의 교차점을 엄지로 누르고, 화살표같이 바늘을 움직여 실을 겁니다.

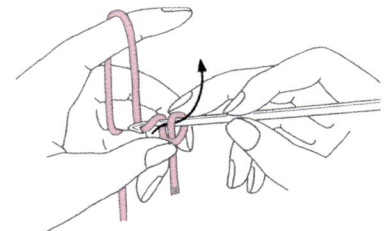

3 바늘에 실을 걸고 화살표같이 빼냅니다.

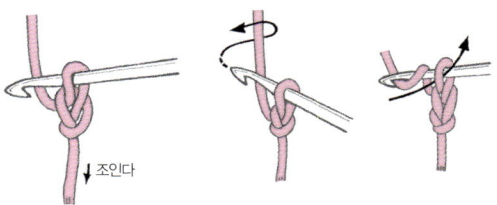

4 실 끝을 당겨서 조입니다.

5 첫코를 완성했습니다. 이 코는 기초코의 수에 포함시키지 않습니다. 다음 코부터 수를 셉니다.

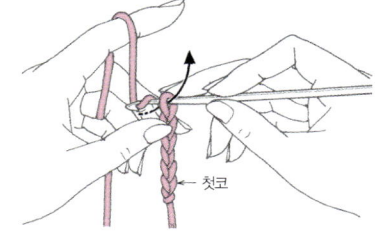

6 바늘에 실을 걸고 빼내면서 필요한 수만큼 뜹니다.

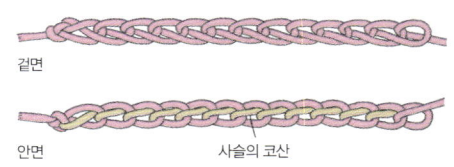

7 사슬의 겉면과 안면의 모습입니다. 사슬의 코산을 기억해두세요.

●기초코를 뜰 때의 바늘 호수

기초코를 1코씩 다 주워서 뜨면 아무래도 기초코가 많이 당겨지게 되고, 몇 코 걸러서 주우면 그다지 당겨지지 않게 됩니다. 따라서 뜨개바탕의 종류에 따라 기초코를 뜨는 바늘의 호수를 바꾸어야 합니다.

뜨개바탕의 종류	바늘의 호수 (뜨개바탕용 바늘 호수와의 차이)
한길 긴뜨기, 짧은뜨기	2호 굵은 바늘
모눈뜨기	1호~2호 굵은 바늘
일반적인 구멍무늬뜨기	1호~2호 굵은 바늘
그물뜨기	똑같거나 1호 굵은 바늘

1단은 기초코의 어디를 주워야 하나요?

사슬의 코산을 줍는 경우와 반코와 코산을 같이 줍는 경우가 있습니다. 기초코를 줍는 방법과 그에 맞춰 3단까지 뜨는 방법을 알아보겠습니다.

● **사슬의 코산을 줍는 방법**(기본 뜨개바탕)

짧은뜨기

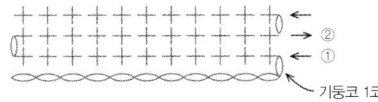

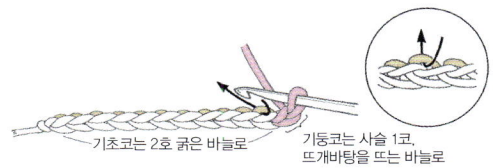

1 2호 굵은 바늘로 기초코를 뜨고서, 뜨개바탕을 뜨는 바늘로 바꾸어 기둥코로 사슬 1코를 뜹니다.

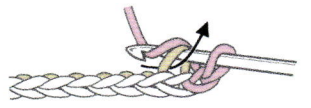

2 기초코의 1번째 코 코산에 바늘을 넣고, 실을 걸어 빼냅니다.

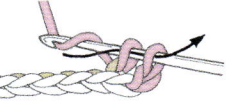

3 다시 한 번 실을 걸고, 2개의 고리로 한 번에 빼냅니다.

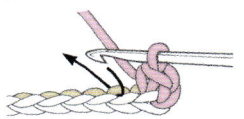

4 짧은뜨기를 1코 떴습니다. 다음 코도 코산을 주워 뜹니다.

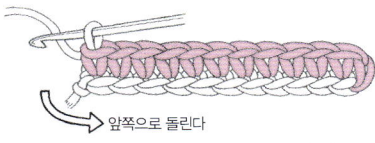

5 1단을 뜬 모습입니다. 뜨개바탕의 오른쪽 끝을 뒤쪽으로 누르듯이 돌려서 안면이 앞에 오도록 합니다.

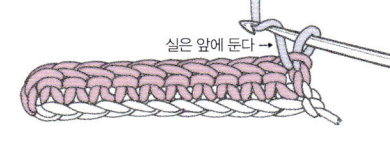

6 다음 단으로 넘어갈 때는 실을 앞에 둔 상태에서 바늘에 겁니다.

2단

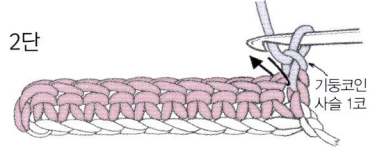

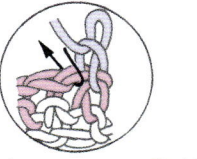

7 기둥코로 사슬 1코를 뜨고, 앞단 오른쪽 가장자리 코의 머리인 사슬 2가닥을 주워 짧은뜨기를 합니다.

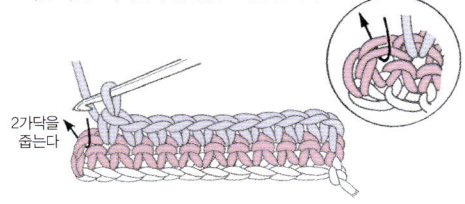

8 계속해서 앞단의 코를 1코씩 주워 짧은뜨기를 합니다.

3단

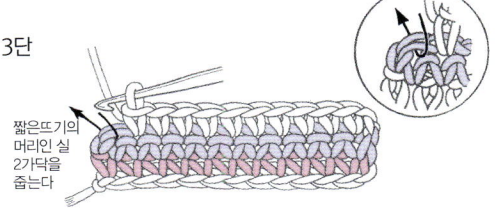

9 왼쪽의 가장자리 코도 앞단 짧은뜨기의 머리를 주워 뜹니다. 뜨개바탕을 돌리는 방법은 1단 때와 같습니다.

10 기둥코를 뜬 다음, 뜨개바탕을 돌리는 방법은 2단 때와 같습니다.

한길 긴뜨기

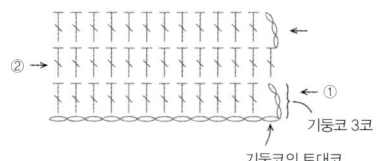
기둥코 3코
기둥코의 토대코

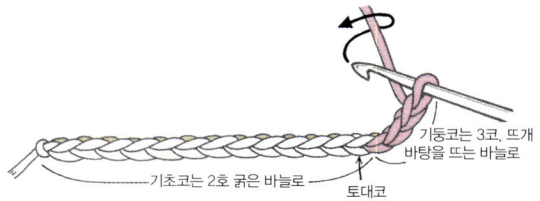
기둥코는 3코, 뜨개바탕을 뜨는 바늘로
기초코는 2호 굵은 바늘로
토대코

1 기둥코로 사슬 3코를 뜨고, 실을 화살표같이 겁니다.

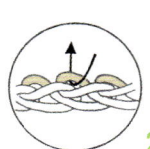

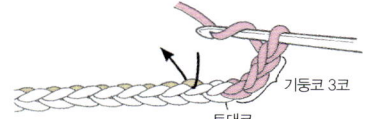
기둥코 3코
토대코

2 기초코의 2번째 코 코산에 바늘을 넣습니다.

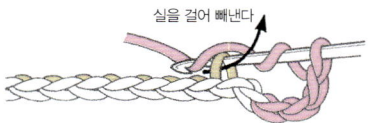
실을 걸어 빼낸다

3 실을 걸어 화살표같이 빼냅니다.

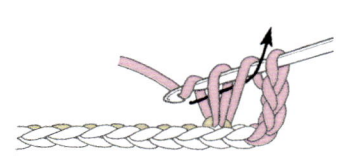

4 실을 걸고, 바늘에 걸린 앞쪽 2개의 고리로 빼냅니다.

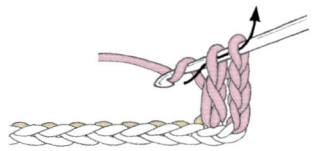

5 다시 실을 걸어 남은 2개의 고리로 한 번에 빼냅니다.

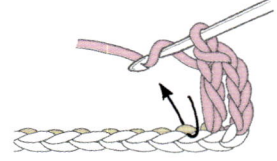

6 '한길 긴뜨기' 1코를 떴습니다. 이로써 1단의 2코를 떴습니다.

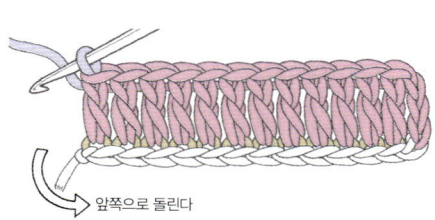
앞쪽으로 돌린다

7 뜨개바탕을 앞쪽으로 돌려서 뒤집습니다. 반대로 돌리면 가장자리 코와 그다음 코 사이에 구멍이 생기므로 주의합니다.

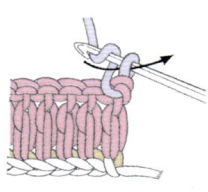

8 단의 첫코는 실을 앞에 둔 상태에서 걸어야 합니다.

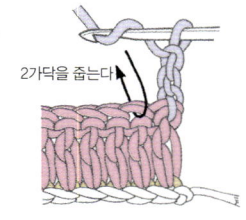
2가닥을 줍는다

9 기둥코로 사슬을 뜨고, 2번째 코부터 앞단 코의 머리 2가닥을 주워서 뜹니다.

2단

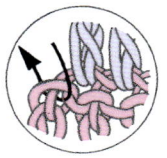
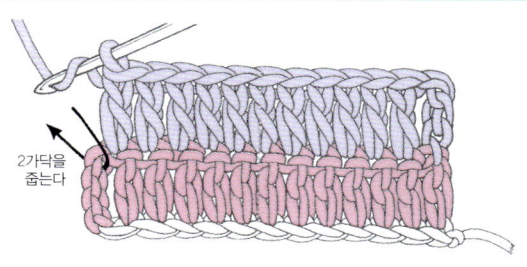

2가닥을 줍는다

10 왼쪽 뜨기 끝에서는 앞단 기둥코의 3번째 사슬코에서 코산과 바깥쪽 사슬 반코를 줍습니다.

3단

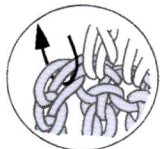
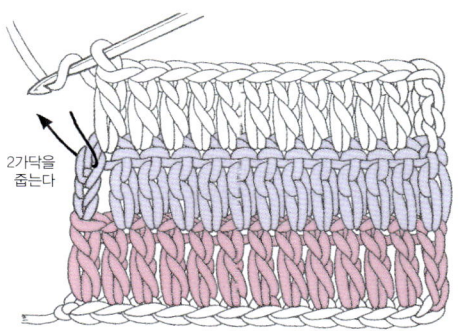

2가닥을 줍는다

11 뜨개바탕은 반드시 앞쪽으로 돌려서 뒤집습니다. 각 단을 시작할 때는 기둥코인 사슬코부터 떠야 합니다. 왼쪽 뜨기 끝에서는 앞단 사슬이 겉쪽으로 비틀려 있으므로 바깥쪽 반코와 코산을 주워서 뜹니다.

● 기초코가 부족하다면

한길 긴뜨기 기초코의 필요 콧수만큼 다 뜬 줄 알았는데, 막상 1단을 떠보면 몇 코가 부족하기도 합니다. 이럴 때 알아두면 편리한 방법을 소개합니다.

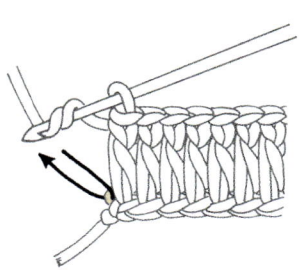
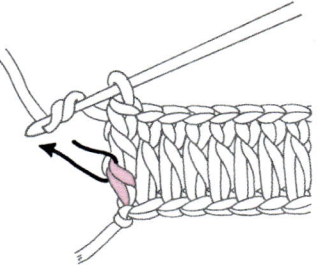
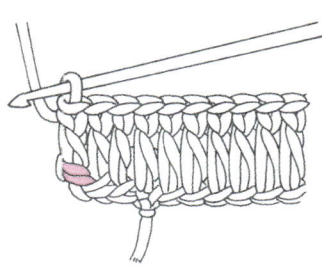

1 가장자리 코에 한길 긴뜨기를 하고, 같은 코에 두길 긴뜨기(한길 긴뜨기+기초코 1코)를 1코 더 뜹니다. 즉, 필요한 뜨개코의 높이보다 1단 높은 뜨개코를 뜹니다.

2 다음 코는 두길 긴뜨기의 다리를 그림같이 주워 두길 긴뜨기로 뜹니다.

3 1~2를 반복해 부족한 콧수만큼 뜹니다.

●사슬 반코와 코산을 주워서 뜨는 방법(그물뜨기)

그물뜨기처럼 공간이 많아서 불안정한 뜨개바탕을 뜰 때는 이 방법이 좋습니다. 뜨개바탕 전체가 안정되어 예쁘게 뜰 수 있습니다.

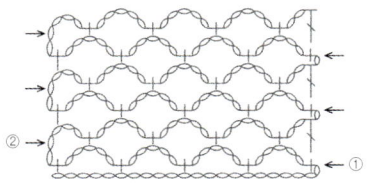

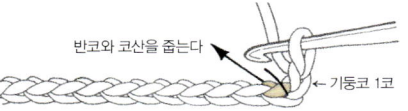

1 기둥코로 사슬 1코를 뜨고, 기초코의 1번째 사슬에 짧은뜨기를 합니다.

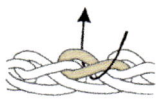

2 그림같이 2가닥을 동시에 줍습니다.

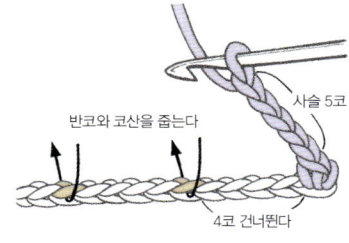

3 기초코의 사슬을 4코 건너뛴 다음 코에 짧은뜨기를 합니다.

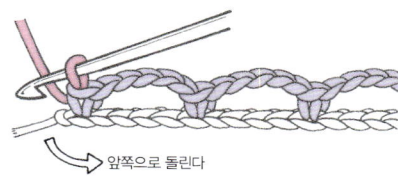

4 다음 단으로 이동할 때는 뜨개바탕을 앞쪽으로 돌립니다.

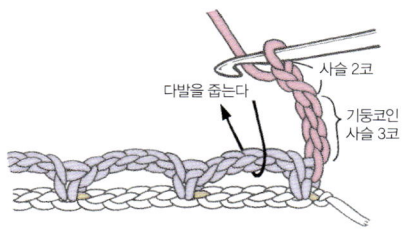

5 기둥코인 사슬 3코와 사슬 2코를 뜹니다. 앞단 사슬을 다발로 주워 짧은뜨기를 합니다.

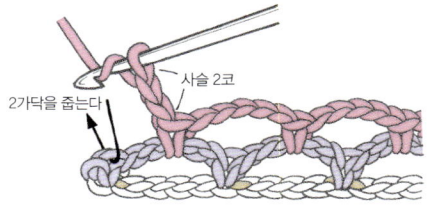

6 왼쪽 단 끝에서는 앞단 짧은뜨기의 머리 2가닥을 주워 한길 긴뜨기를 합니다.

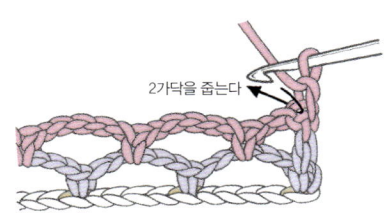

7 기둥코로 사슬 1코를 뜨고, 앞단 한길 긴뜨기의 머리 2가닥을 주워 짧은뜨기를 합니다.

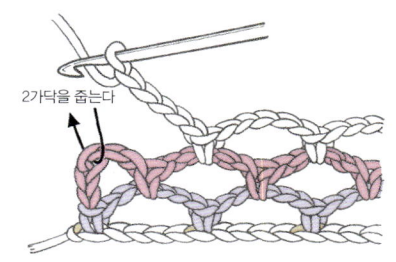

8 왼쪽 단 끝은 앞단 기둥코의 3번째 사슬에서 바깥쪽 반코와 코산을 주워 뜹니다.

Q '다발을 줍는다'란 무슨 말인가요?

 사슬로 뜬 앞단에 짧은뜨기나 한길 긴뜨기를 뜰 때는 대개 사슬 전체를 주워서 뜹니다. '사슬 아래쪽 공간에 바늘을 넣어서' 사슬 전체를 감아 뜨는 것을 '다발을 줍는다', '다발에 뜬다'라고 말합니다.

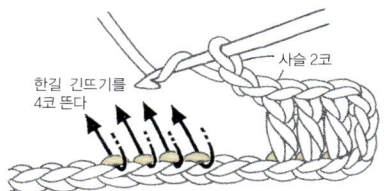

1 기초코에서 주울 때는 1코씩 주워서 뜹니다.

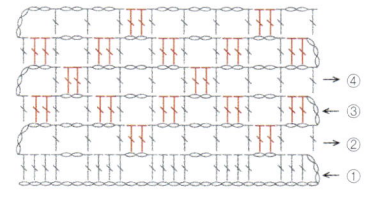

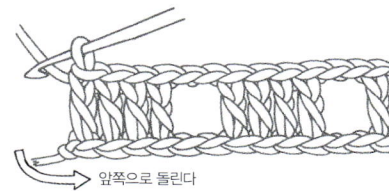

2 왼쪽 단 끝까지 떴으면 화살표같이 뜨개바탕의 오른쪽 끝을 뒤쪽으로 누르듯이 돌려서 안면이 앞에 오도록 합니다.

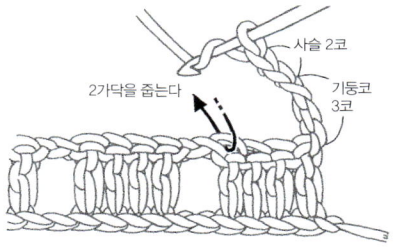

3 기둥코로 사슬 3코를 뜨고, 다시 사슬 2코를 뜬 후에 앞단 코에 한길 긴뜨기를 합니다.

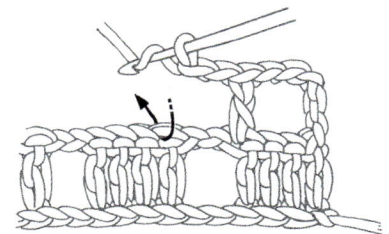

4 앞단의 코를 주울 때는 머리 2가닥을 줍습니다.

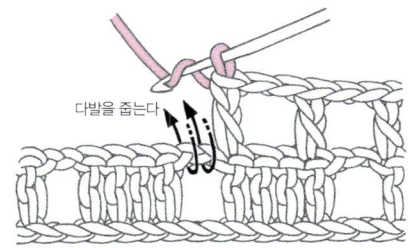

5 한길 긴뜨기 4코 중 가운데 2코는 다발로 주워서 뜹니다.

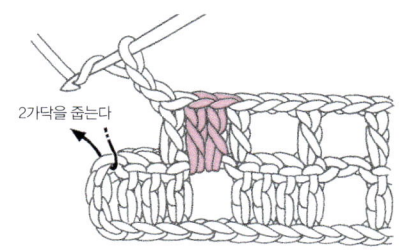

6 2단 끝에서는 앞단 기둥코의 코산과 바깥쪽 반코를 주워서 뜹니다.

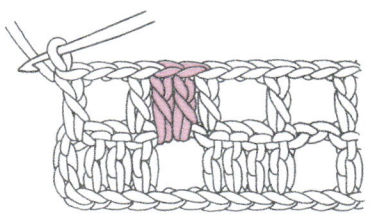

7 2단까지 떴습니다. 3단 이후에도 한길 긴뜨기 4코 중 가운데 2코는 5와 같이 다발을 줍습니다.

Q 실 잇는 방법이 어려워요.

 실은 뜨개바탕의 끝이나 중간에서 잇습니다. 실 끝은 뜨개바탕의 안면에서 뜨개바탕 사이로 넣어 정리하면 깔끔합니다.

●뜨개바탕 중간에서 잇는 방법(겉면을 보고 뜨는 단)

짧은뜨기

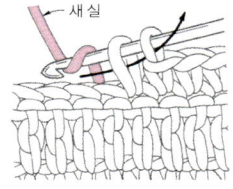
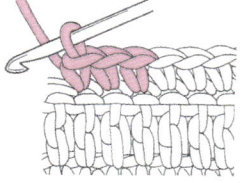
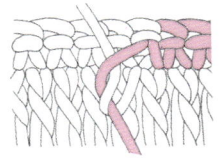
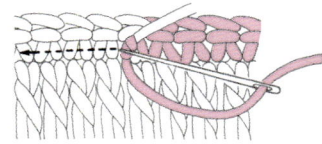

1 앞단 코에 바늘을 넣고 실을 걸어 빼냅니다. 이 상태에서 새 실을 걸고 고리로 빼냅니다.

2 새 실로 계속 뜹니다.

3 뜨개바탕 안면에서 실 끝을 교차해 묶습니다.

4 실 끝을 돗바늘에 꿰어 뜨개바탕 안으로 얽어 감춥니다.

한길 긴뜨기

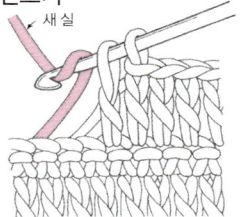
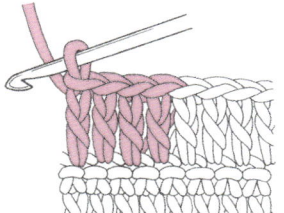
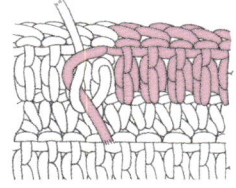

1 미완성 한길 긴뜨기를 하고, 새 실을 걸어 고리로 빼냅니다.

2 새 실로 계속 한길 긴뜨기를 합니다.

3 안면에서 실 끝을 교차해 묶은 후 돗바늘에 꿰어 뜨개바탕 안으로 감춥니다.

●뜨개바탕 중간에서 잇는 방법(안면을 보며 뜨는 단)

한길 긴뜨기   **짧은뜨기**

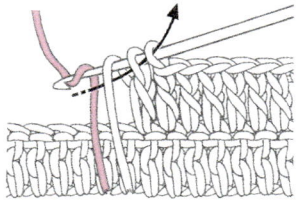
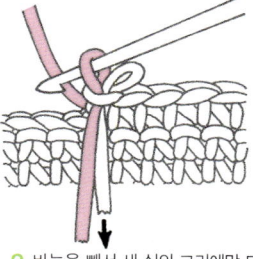

1코를 완성하기 직전에 실을 바꿉니다. 뜨던 실과 새 실의 끝을 앞쪽에 두고, 바늘에 그림같이 두 실을 걸어 새 실만 빼냅니다. 실 끝은 뜨개바탕 안으로 감춥니다.

1 2가닥을 한 코에 같이 걸어 빼냅니다.

2 바늘을 빼서 새 실의 고리에만 다시 끼우고, 뜨던 실의 실 끝을 아래로 당깁니다. 실 끝은 뜨개바탕 안으로 감춥니다.

●뜨개바탕 끝에서 잇는 방법
'폭이 넓은 줄무늬(33쪽)'를 뜰 때와 같은 방법으로 잇습니다.

Q 가로줄무늬를 뜰 때 실 바꾸는 방법을 알려주세요.

 줄무늬의 폭이 얼마나 넓으냐에 따라 실을 잘라서 바꾸기도 하고, 그대로 걸쳐놓고 바꾸기도 합니다.

● 폭이 좁은 줄무늬

폭이 좁은 줄무늬를 뜰 때는 실을 자르지 않고 뜨개바탕 끝에서 세로로 걸쳐놓고 뜹니다.

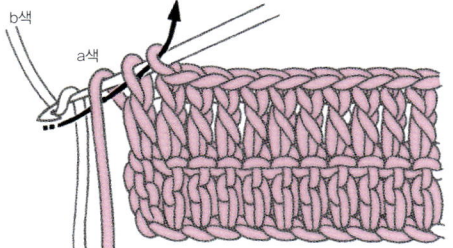

1 끝코를 빼낼 때 a색(바탕실)을 바늘의 뒤에서 앞으로 걸어놓고, b색(배색실)을 새로 걸어 고리로 빼냅니다.

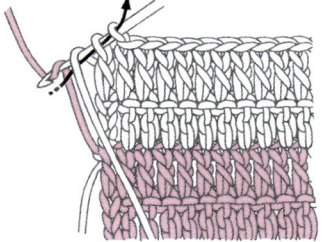

2 다시 a색으로 바꿀 때는 1과 마찬가지로 뜨던 b색을 걸어놓고, 쉬고 있던 a색을 걸어 고리로 빼냅니다.

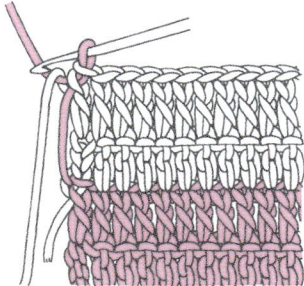

3 세로로 걸쳐놓는 실은 뜨개바탕의 길이만큼 잘 당겨서 늘어지지 않도록 합니다.

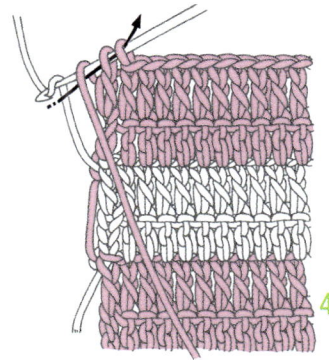

4 '뜨던 실은 바늘의 뒤에서 앞으로 걸어 쉬게 하고, 다음 위치에서 끌어올려 뜬다'를 반복합니다.

● 폭이 넓은 줄무늬

줄무늬의 폭이 넓을 때나 다음 배색까지 간격이 넓을 때는 그때마다 실을 잘라야 합니다. 실 끝은 나중에 같은 색 뜨개바탕의 가장자리에 휘감아 정리합니다.

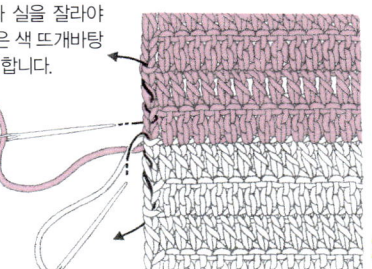

1 가장자리 코를 완성할 때 a색을 뒤에서 앞으로 걸고 b색을 걸어 빼냅니다. a색은 7~8cm 남기고 자릅니다.

2 실 끝을 돗바늘에 꿰어 같은 색 가장자리 코에 휘감아 감춥니다.

배색뜨기를 할 때 실을 걸쳐놓는 방법이 궁금해요.

실을 가로로 걸치는 방법과 세로로 걸치는 방법이 있습니다.
무늬에 따라 알맞은 방법을 고릅니다.

●실을 가로로 걸치는 배색뜨기

배색이 가로로 연속될 때나 무늬가 작을 때는 쉬는 실을 가로로 걸치는 방법이 좋습니다.

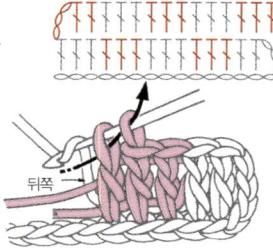

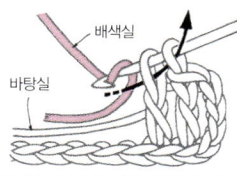

1 배색 직전의 마지막 빼뜨기를 할 때 배색실을 걸어 빼냅니다.

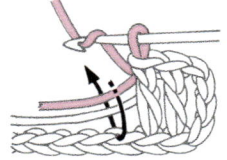

2 바탕실과 배색실의 실 끝을 같이 주워서 실을 걸어 빼냅니다.

3 바탕실로 뜨기 직전의 마지막 빼뜨기를 할 때 배색실의 뒤에서 바탕실을 걸어 빼냅니다.

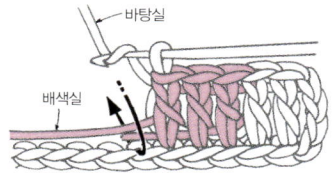

4 배색실을 감싸듯이 바탕실로 한길 긴뜨기를 합니다.

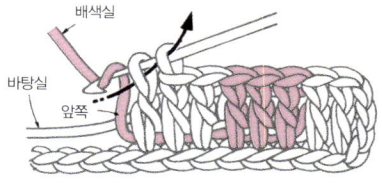

5 배색실로 뜨기 직전의 마지막 빼뜨기를 할 때 바탕실의 앞쪽에서 배색실을 걸어 빼냅니다.

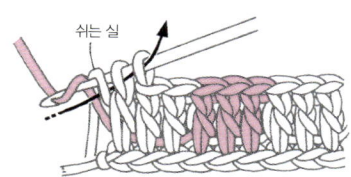

6 겉을 보며 뜨는 단의 끝에서는 쉬는 실을 앞쪽에서 뒤쪽으로 걸쳐둡니다.

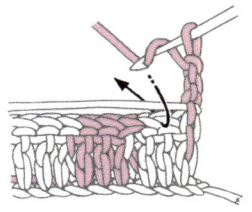

7 2단을 뜰 때는 쉬는 실을 감싸듯이 뜹니다.

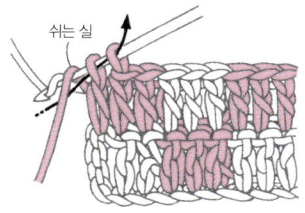

8 안을 보며 뜨는 2단 끝에서는 쉬는 실을 뒤쪽에서 앞쪽으로 걸쳐둡니다.

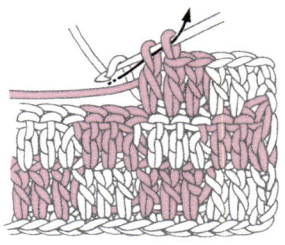

9 3단부터는 쉬는 실을 감싸면서 바탕실과 배색실로 번갈아 뜹니다.

●실을 세로로 걸치는 배색뜨기

큰 무늬나 원 포인트 무늬를 뜰 때는 실을 세로로 걸치는 방법이 좋습니다. 이때는 세로 방향의 배색 수만큼 실타래가 필요합니다.

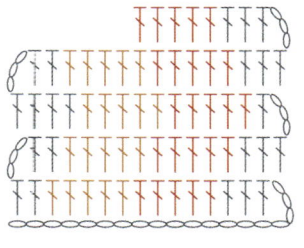

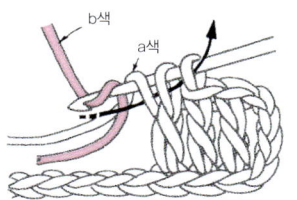

1 배색하기 직전의 마지막 빼뜨기에서 a색을 뒤로 걸쳐 쉬게 하고, b색을 걸어 빼냅니다.

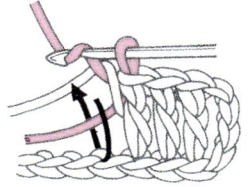

2 실 끝을 감싸면서 b색으로 뜹니다.

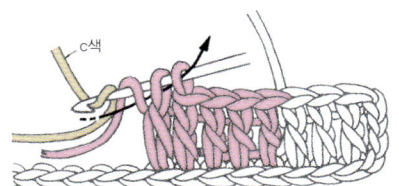

3 b색을 뒤로 걸쳐 쉬게 하고, c색을 걸어 뺍니다.

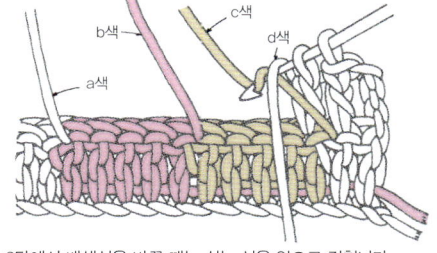

4 2단에서 배색실을 바꿀 때는 쉬는 실을 앞으로 걸칩니다.

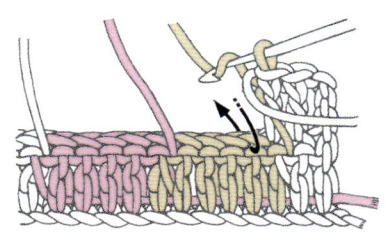

5 이때는 쉬는 실을 감싸면서 뜨지 말고 앞쪽(안)에 남겨둡니다.

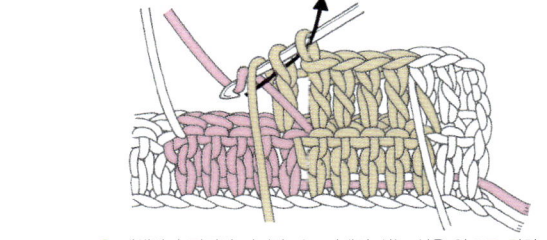

6 배색하기 직전의 마지막 빼뜨기에서 쉬는 실을 앞으로 걸치고, b색을 걸어 뺍니다.

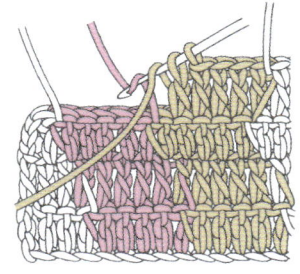

7 뜨개바탕 안에서 배색실을 바꿀 때는 쉬는 실을 앞으로 걸치고, 실타래도 앞쪽(안)에 둡니다.

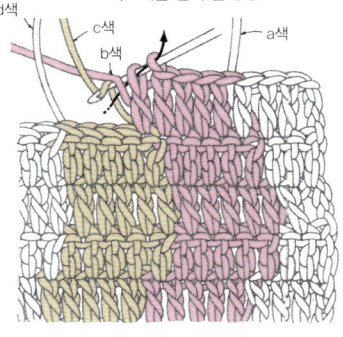

8 뜨개바탕 겉에서 배색실을 바꿀 때는 쉬는 실을 앞에서 뒤로 걸치고 실타래도 뒤쪽에 둡니다.

기호도에서 적혀 있지 않은 쪽은 어떻게 떠야 할까요?

 스웨터는 대개 좌우대칭입니다. 그래서 책에서는 한쪽을 생략하고 다른 한쪽만 소개하는 편입니다. 단의 시작 부분과 끝 부분의 기호가 어떻게 바뀌는지 알아보겠습니다.

오른쪽의 기호도는 8코의 무늬가 2회 반복되는 좌우대칭형입니다. 뜨기 시작 쪽의 기둥코인 사슬 3코는 뜨기 끝 쪽의 한길 긴뜨기 1코와 대칭입니다.

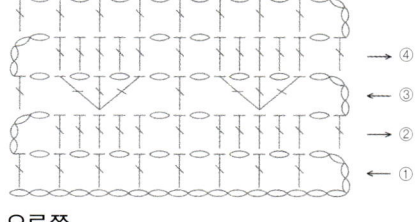

● **옆선에서 코 줄이기**(한길 긴뜨기 1코 줄이기)

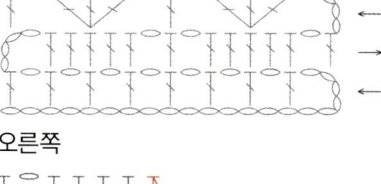

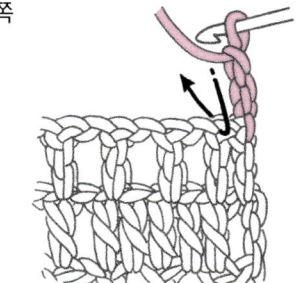

1 사슬 3코를 뜨고, 다음 코에 한길 긴뜨기를 1코 뜹니다.

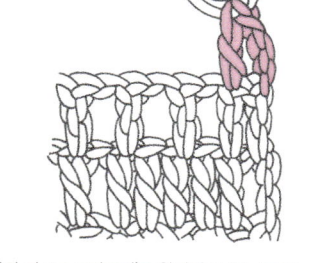

2 '한길 긴 2코 모아뜨기'를 완성했습니다. 1코가 줄었습니다.

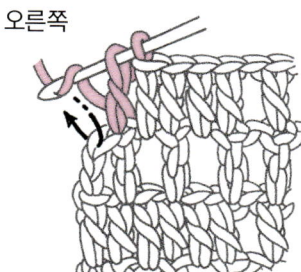
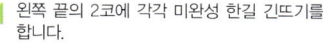

1 왼쪽 끝의 2코에 각각 미완성 한길 긴뜨기를 합니다.

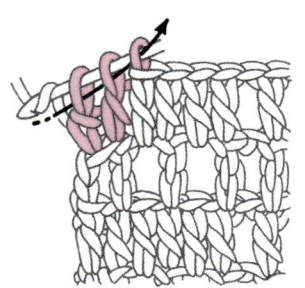

2 실을 걸어 바늘에 걸린 고리로 화살표처럼 한 번에 빼냅니다.

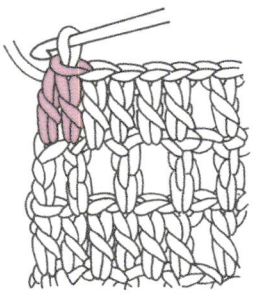

3 '한길 긴 2코 모아뜨기'를 완성했습니다. 1코가 줄었습니다.

●옆선과 소매 아래선에서 코 늘리기(한길 긴뜨기 1코 늘리기)

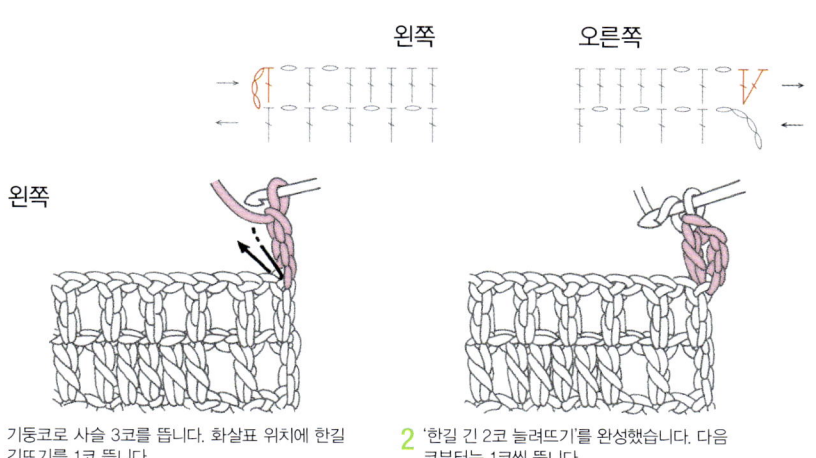

1 기둥코로 사슬 3코를 뜹니다. 화살표 위치에 한길 긴뜨기를 1코 뜹니다.

2 '한길 긴 2코 늘려뜨기'를 완성했습니다. 다음 코부터는 1코씩 뜹니다.

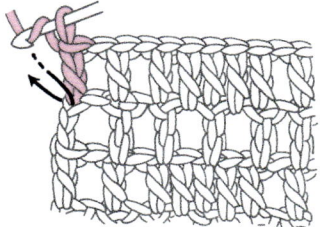

1 마지막 코까지 한길 긴뜨기를 합니다.

2 같은 코에 한길 긴뜨기를 1코 더 뜹니다.

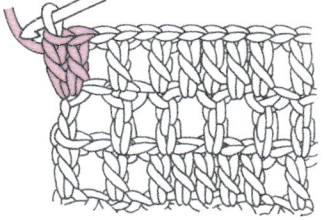

3 '한길 긴 2코 늘려뜨기'를 완성했습니다.

●기초코가 너무 많다면

기초코의 필요 콧수만큼 뜬 줄 알았는데 막상 1단을 떠보면 몇 코가 남기도 합니다. 다른 부분과 잇거나 테두리뜨기를 해서 감출 수 있다면 좋겠지만, 그럴 수 없을 때는 사슬의 시작 부분을 풀면 됩니다.

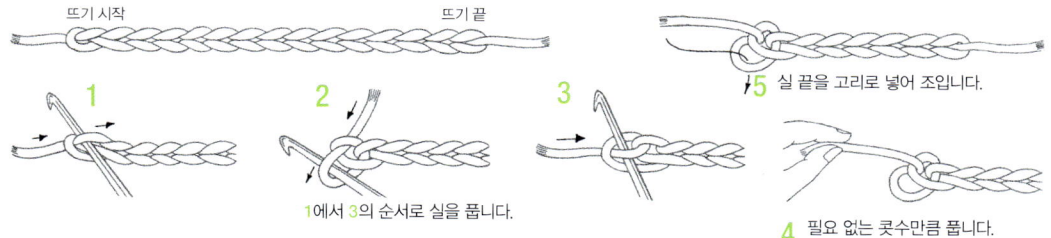

1에서 3의 순서로 실을 풉니다.

5 실 끝을 고리로 넣어 조입니다.

4 필요 없는 콧수만큼 풉니다.

'실을 건넨다'는 것이 무슨 말인가요?

A 매듭을 지어서 코를 막은 후 그 실을 다음 단으로 옮기는 것을 '건넨다'고 말합니다. 진동둘레나 목둘레의 곡선에서 많이 쓰입니다.

● **진동둘레에서 코 줄이기**

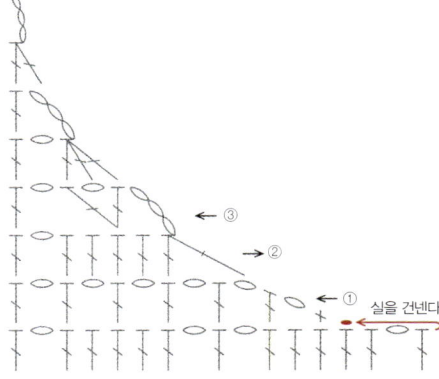

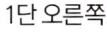 **1단 오른쪽**

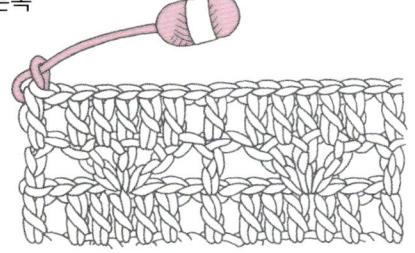

1 뜨개코를 늘리고 실타래를 통과시켜서 코를 막습니다.

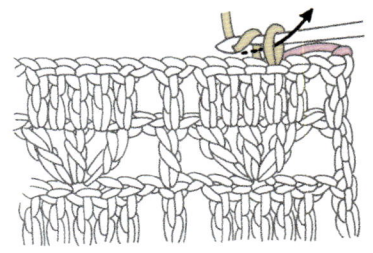

2 실을 가져와 4번째 코에서 빼내고, 다시 바늘에 실을 걸어 고리로 빼냅니다(빼뜨기).

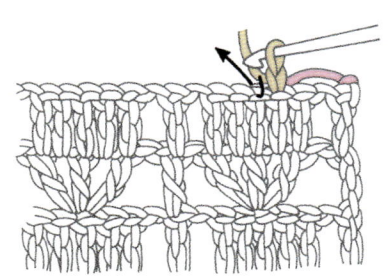

3 이어서 짧은뜨기와 사슬뜨기를 합니다.

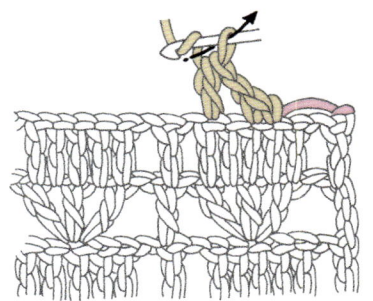

4 높이를 조절해서 '짤막한 한길 긴뜨기'를 합니다. 다음 코부터는 뜨던 대로 진행합니다.

1단 왼쪽

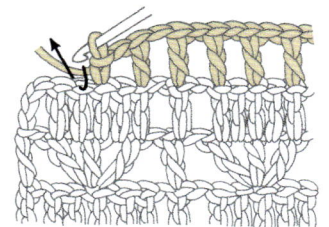

5 왼쪽은 오른쪽과 반대로 짤막한 한길 긴뜨기 1코, 사슬 1코, 짧은뜨기 1코의 순서대로 뜨고서 빼뜨기를 합니다.

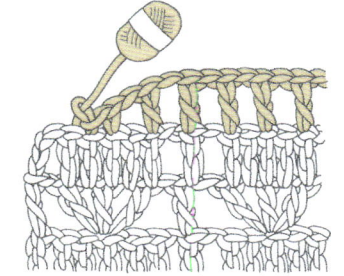

6 코를 늘이고 실타래를 통과시켜서 코를 막습니다.

2단 왼쪽

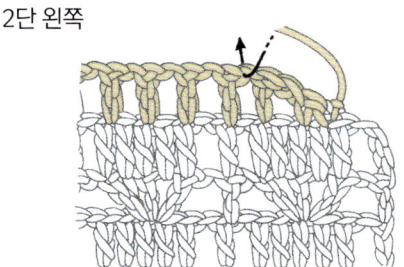

7 뜨개바탕을 뒤집고, 실을 가져와 빼뜨기 위치에서 빼냅니다.

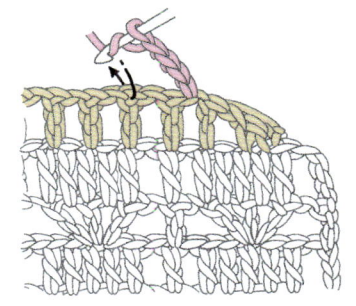

8 사슬 3코를 뜨고, 다음의 한길 긴뜨기부터는 뜨던 대로 진행합니다.

3단 왼쪽

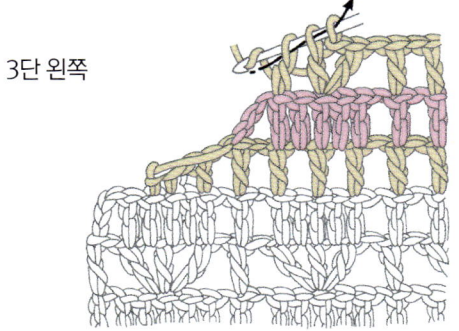

9 미완성 한길 긴뜨기를 1코 뜨고, 2코 걸러서 미완성 한길 긴뜨기를 뜹니다.

3단 오른쪽

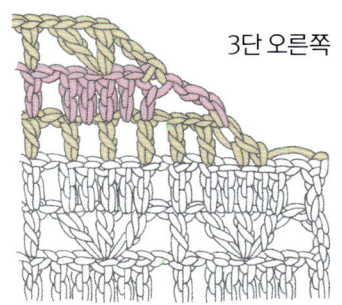

10 한 번에 빼내어 '한길 긴 2코 모아뜨기'를 뜹니다.

어깨 경사가 예쁘게 떠지지 않아요.

A 같은 단 안에서도 뜨개코의 높이를 조절해야 어깨 경사가 예뻐집니다. 손놀림으로 뜨개코의 높이를 조절하거나 아예 높이가 다른 뜨개코로 바꾸어서 뜨는 것이 좋습니다.

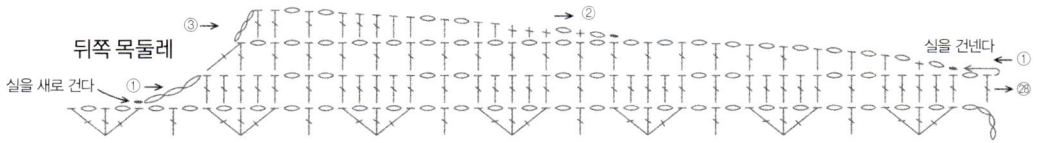

● **실을 새로 건다**   스웨터의 목둘레를 뜰 때나 나중에 새로 뜨기 시작할 때는 새 실을 걸어 떠야 합니다.

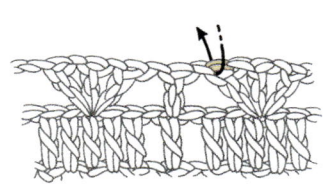

1 화살표같이 코의 머리(사슬 2가닥)에 바늘을 넣고, 실을 걸어 빼냅니다.

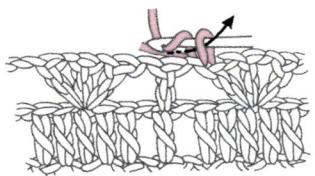

2 바늘에 실을 걸어 빼냅니다.

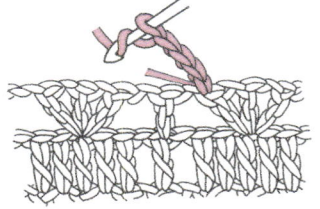

3 사슬 3코를 뜹니다. 이것이 기둥코입니다.

오른쪽 1단

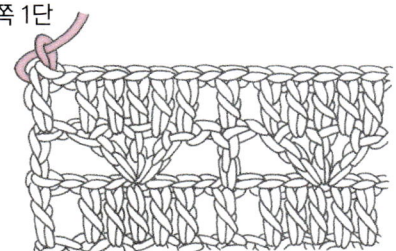

1 앞단 끝에서 코 안으로 실타래를 넣어 코를 막습니다.

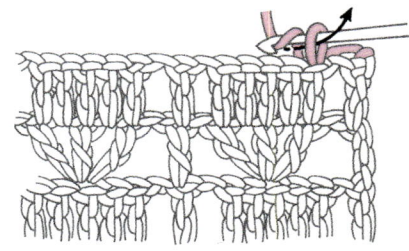

2 실을 가져와 3번째 코에서 빼냅니다.

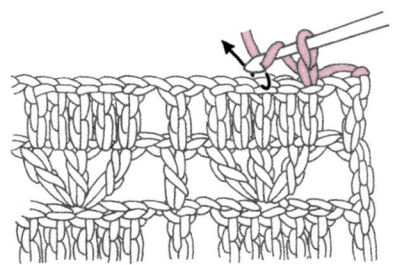

3 사슬 1코, 짧은뜨기 1코, 사슬 1코를 뜹니다.

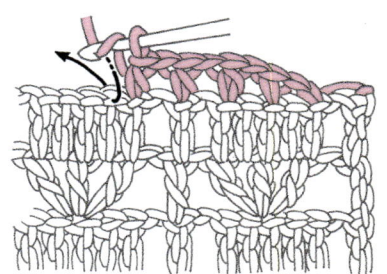

4 높이가 각각 다른 긴뜨기를 떠나갑니다.

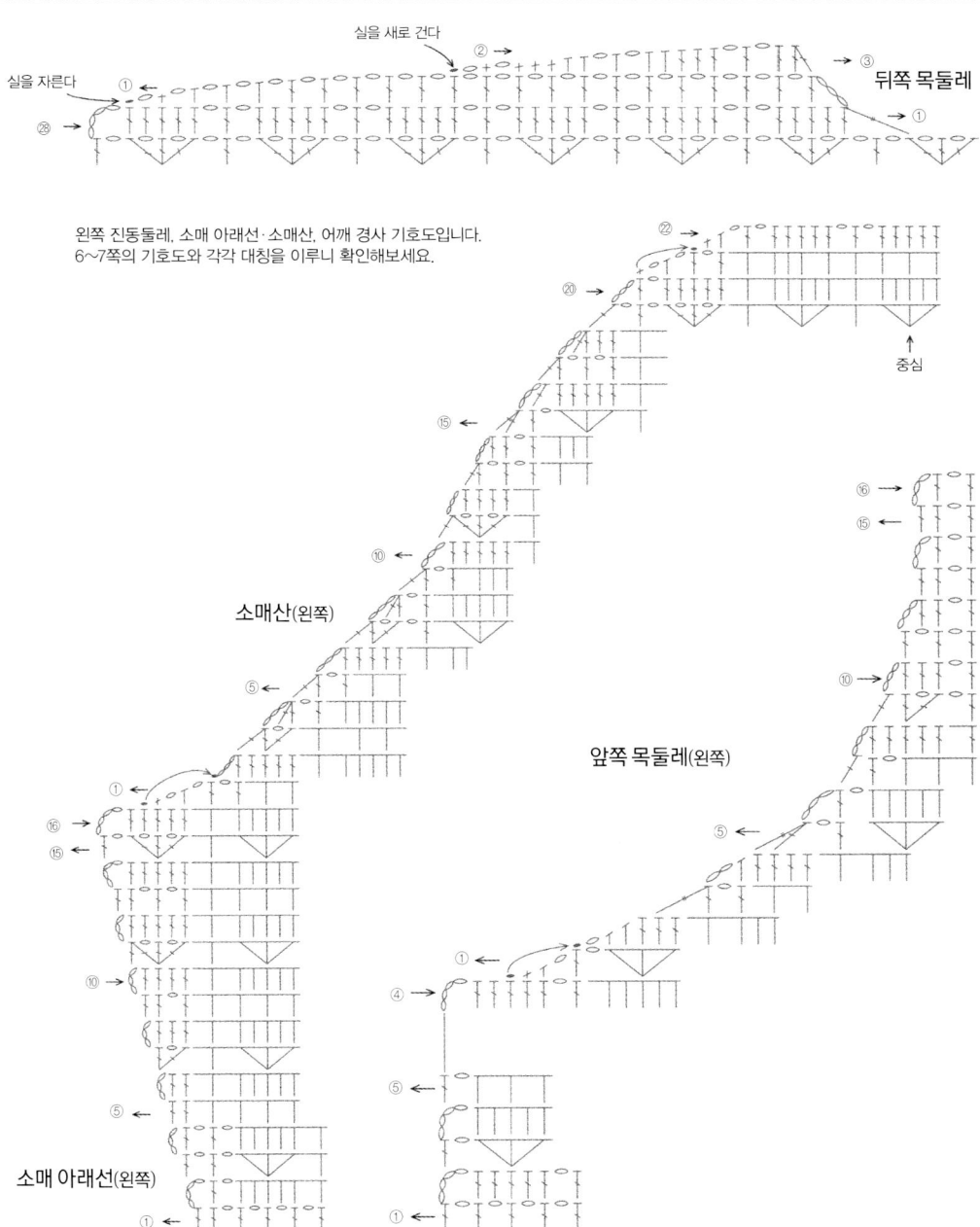

둥근 옷자락의 뜨기 시작은 어떻게 떠야 하나요?

볼레로처럼 둥근 옷자락은 왕복뜨기와 코 늘리기를 조합해서 뜹니다. 기초코는 왕복뜨기 분량만큼만 뜨고, 적은 콧수부터 뜨기 시작해서 차례로 콧수를 늘려 곡선을 만듭니다.

● 왼쪽 앞

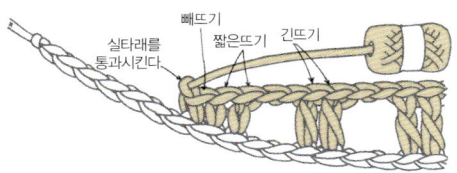

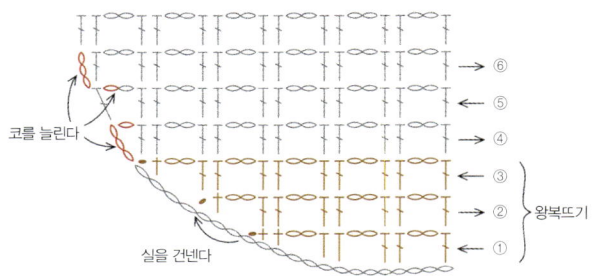

1 1단은 긴뜨기, 짧은뜨기, 빼뜨기로 곡선을 만들고, 가장자리 코에 실타래를 통과시켜서 코를 막습니다.

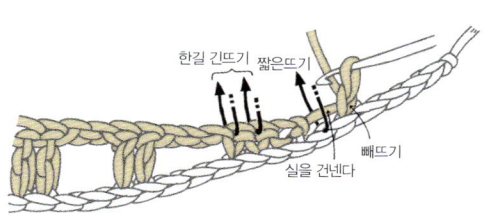

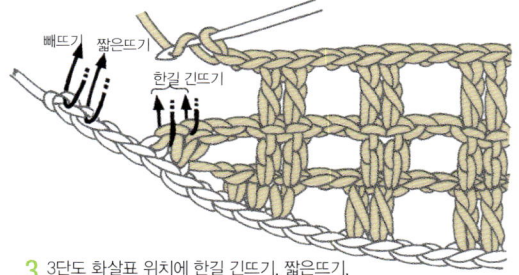

2 2단의 시작 위치까지 실을 건네고 빼뜨기, 짧은뜨기, 한길 긴 뜨기의 순서로 떠나가며 곡선을 만듭니다.

3 3단도 화살표 위치에 한길 긴뜨기, 짧은뜨기, 빼뜨기를 떠서 곡선을 만듭니다.

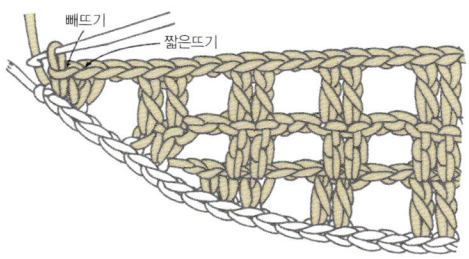

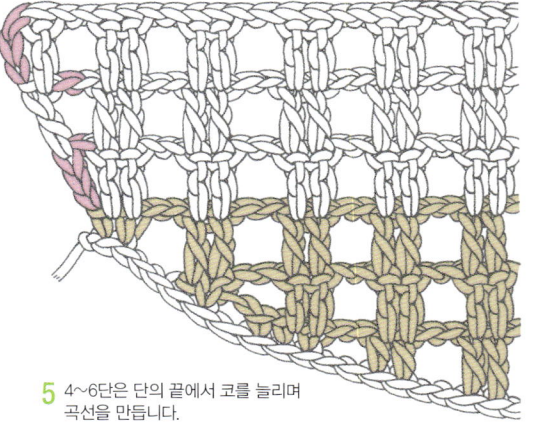

4 이것으로 3단까지의 왕복뜨기가 끝났습니다.

5 4~6단은 단의 끝에서 코를 늘리며 곡선을 만듭니다.

●오른쪽 앞

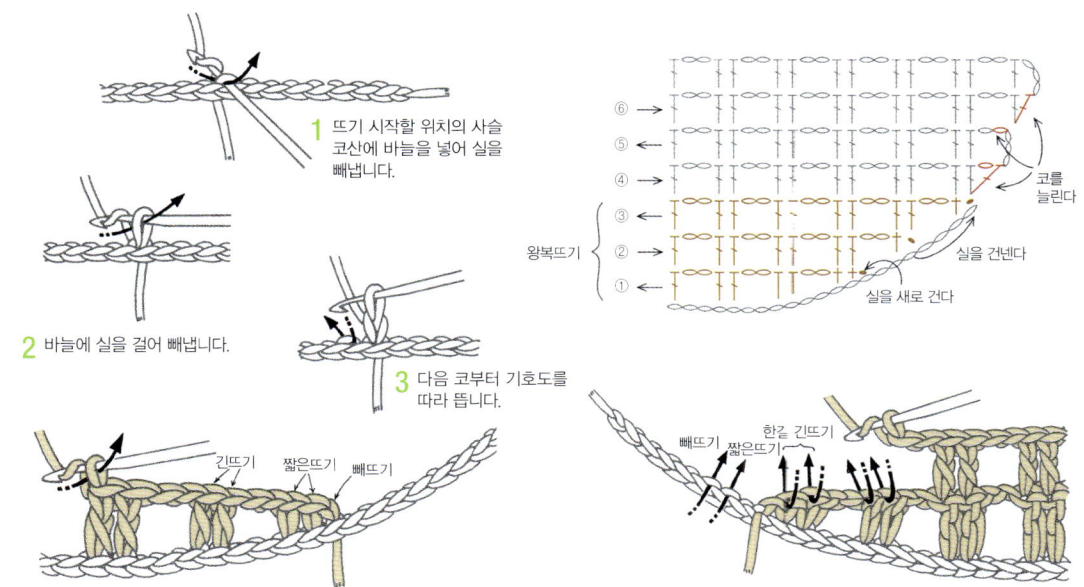

1 뜨기 시작할 위치의 사슬 코산에 바늘을 넣어 실을 빼냅니다.

2 바늘에 실을 걸어 빼냅니다.

3 다음 코부터 기호도를 따라 뜹니다.

4 경사가 지도록 짧은뜨기와 긴뜨기를 뜨고, 이후부터는 뜨던 대로 진행합니다.

5 2단도 한길 긴뜨기, 짧은뜨기, 빼뜨기를 떠서 경사를 만듭니다.

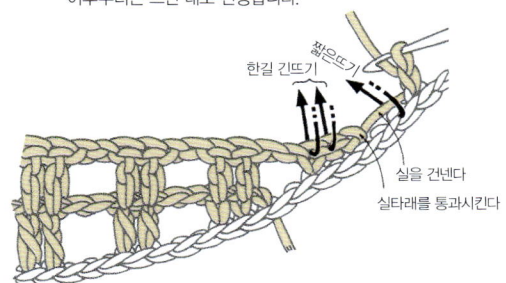

6 기초코의 1번째 코에서 실을 빼내 빼뜨기를 하고, 이어서 짧은뜨기와 한길 긴뜨기를 합니다.

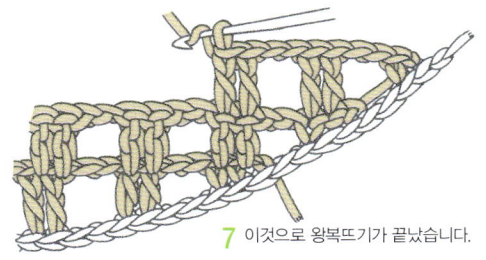

7 이것으로 왕복뜨기가 끝났습니다.

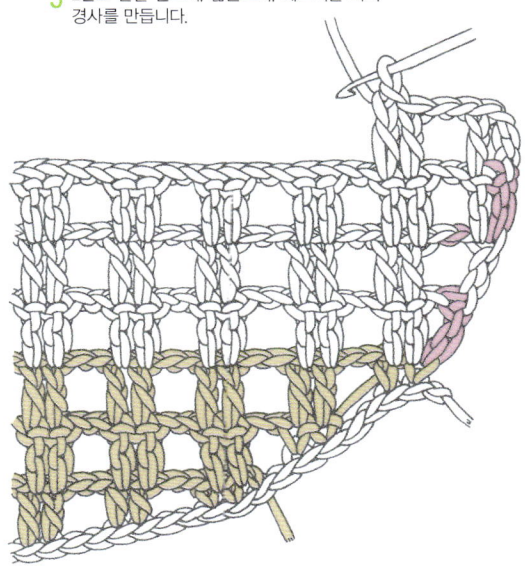

8 4~6단의 끝에서 코를 늘려가며 곡선을 만듭니다.

어깨를 잇는 방법은 몇 가지가 있나요?

어깨를 잇는 방법은 뜨개바탕에 따라 다른데, 자주 사용하는 기법은 다음의 세 가지입니다.

● **겉을 보며 전체 코를 휘감아 잇기**

이을 실은 어깨 길이의 약 4배가 필요하고, 앞뒤 어느 쪽의 끝에서 실을 남겨 사용하면 편리합니다. 뜨개바탕은 겉이 보이게 맞대고 1코씩 줍습니다.

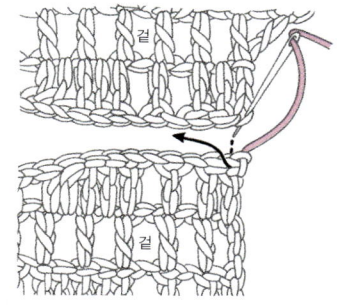

1 돗바늘에 실 끝을 꿰고, 위쪽 사슬코의 반코와 아래쪽 1코의 반코를 줍습니다.

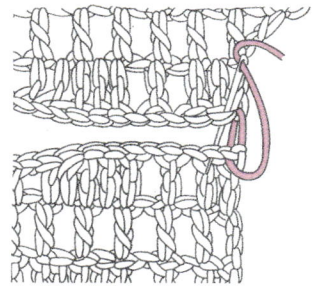

2 계속 위쪽에서 아래쪽으로 바늘을 넣습니다.

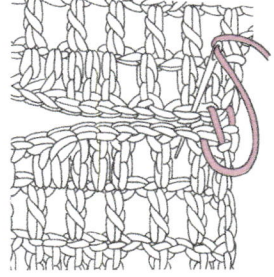

3 코를 주울 때는 각 뜨개코의 머리 2가닥을 줍습니다.

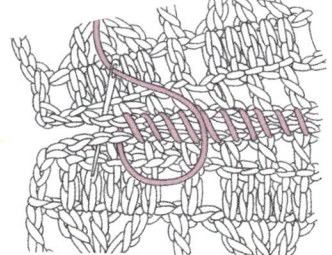

4 어깨 경사의 시작 부분에 있는 빼뜨기도 2가닥을 줍습니다.

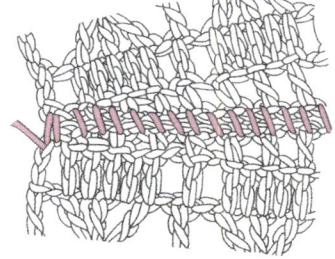

5 마지막에는 한 번 더 휘감고, 실을 당겨 조입니다.

● **안을 보며 반코를 휘감아 잇기**

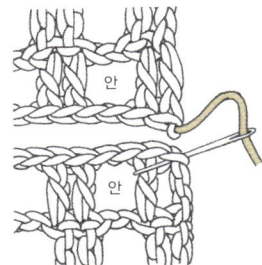

1 뜨개바탕의 안이 보이게 맞대어놓고, 실 끝을 돗바늘에 꿰니다. 바늘을 위쪽에서 아래쪽 사슬코에 넣습니다.

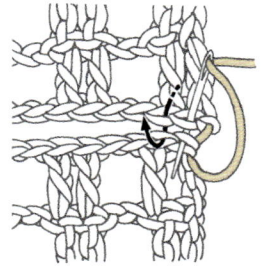

2 2장 모두 안쪽 반코씩 줍고, 앞쪽 단은 이미 주웠던 반코를 한 번 더 줍습니다. 계속해서 반코씩 주워가며 휘감습니다.

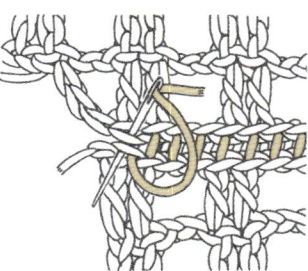

3 끝나는 단에서는 한 번 더 휘감은 후 당겨서 조입니다.

●사슬뜨기와 짧은뜨기로 잇기

이을 실은 어깨 길이의 약 8배가 필요하고, 앞뒤 어느 쪽의 끝에서 실을 남겨 사용하면 편리합니다. 앞쪽 몸판이 몸 앞에 오도록 앞뒤 뜨개바탕을 걷끼리 맞대어 잡고, 코바늘로 짧은뜨기와 사슬뜨기를 해가며 잇습니다. 사슬은 뜨개바탕의 상태에 맞춰서 콧수를 조절합니다.

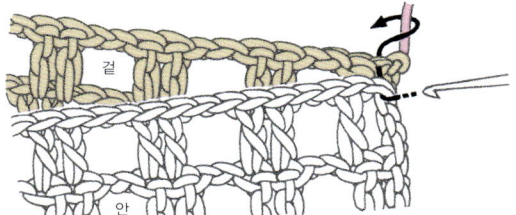

1 2장을 겉끼리 맞대어 잡고, 뜨개바탕에서 남긴 실로 잇습니다.

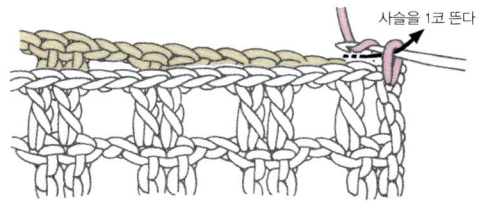

2 마지막 단의 한길 긴뜨기에 바늘을 넣고 실을 빼낸 뒤 사슬 1코를 뜹니다.

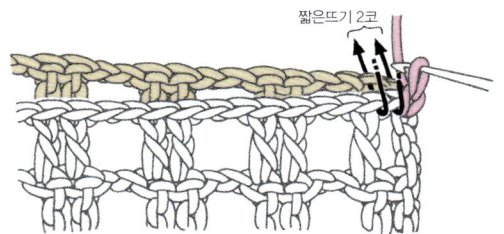

3 같은 코에 짧은뜨기 1코. 다음 코에 짧은뜨기 1코를 뜹니다.

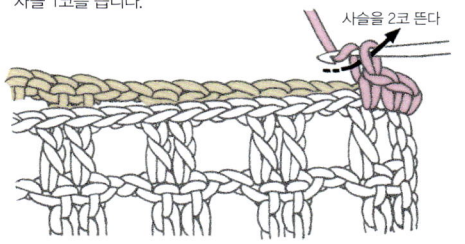

4 사슬을 2코 뜨는데, 이때 사슬은 뜨개바탕에 맞춰서 콧수를 조절합니다.

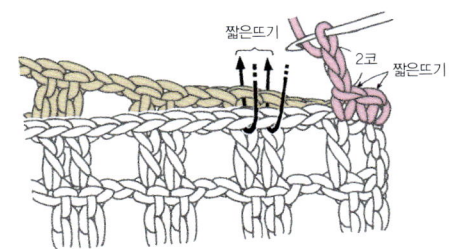

5 다음 코에 짧은뜨기를 1코씩 뜹니다.

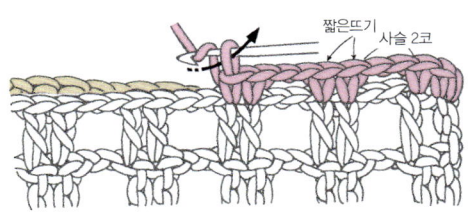

6 맨 마지막 단이 사슬뜨기와 한길 긴뜨기일 때는 항상 사슬뜨기와 짧은뜨기로 잇습니다.

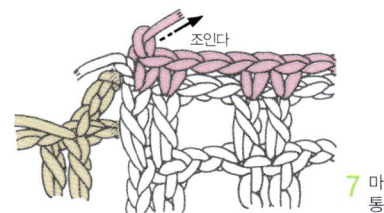

7 마지막에는 실 끝을 통과시켜서 조입니다.

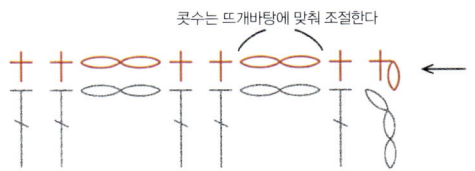

옆선과 소매 아래선을 잘 꿰매고 싶어요.

옆선과 소매 아래선은 주로 사슬뜨기로 꿰매는 방법을 많이 씁니다. 헐겁지 않으면서도 풀어낼 수 있는 편리한 방법입니다. 사슬의 콧수는 뜨개바탕에 맞춰서 조절하고, 사이사이에 짧은뜨기를 하거나 빼뜨기를 합니다.

● **짧은뜨기와 사슬뜨기로 꿰매기**

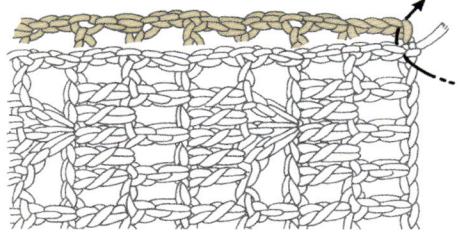

1 뜨개바탕을 겉끼리 맞대어 잡고, 화살표같이 기초코에 바늘을 넣어 실을 빼냅니다.

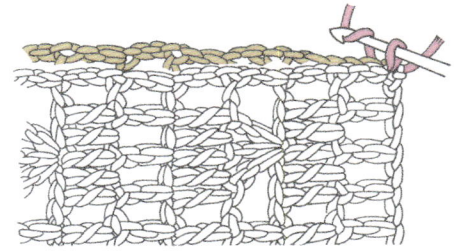

2 바늘에 실을 걸어 사슬 1코를 뜨고, 같은 코에 짧은뜨기를 1코 더 뜹니다.

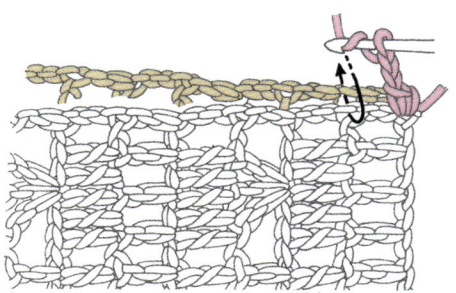

3 사슬 2코를 뜨고, 양쪽 단의 머리에 바늘을 넣어 짧은뜨기를 합니다.

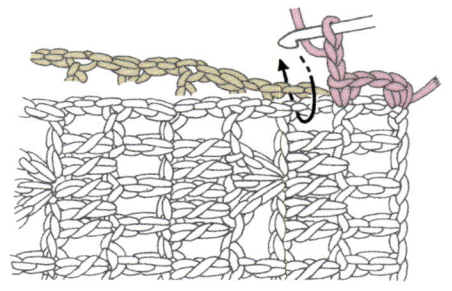

4 다음 뜨개코까지 사슬을 뜨며(한길 긴뜨기일 때는 2코) 진행합니다.

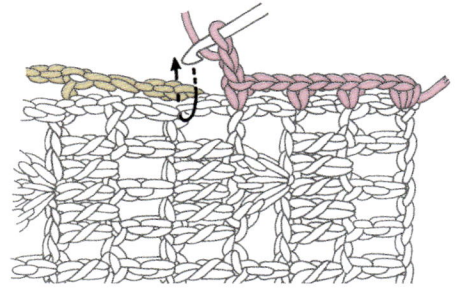

5 사슬 2코, 짧은뜨기 1코를 반복하며 꿰맵니다.

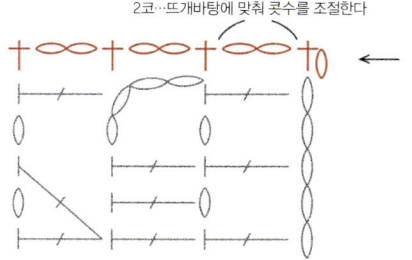

2코…뜨개바탕에 맞춰 콧수를 조절한다

● 빼뜨기와 사슬뜨기로 꿰매기

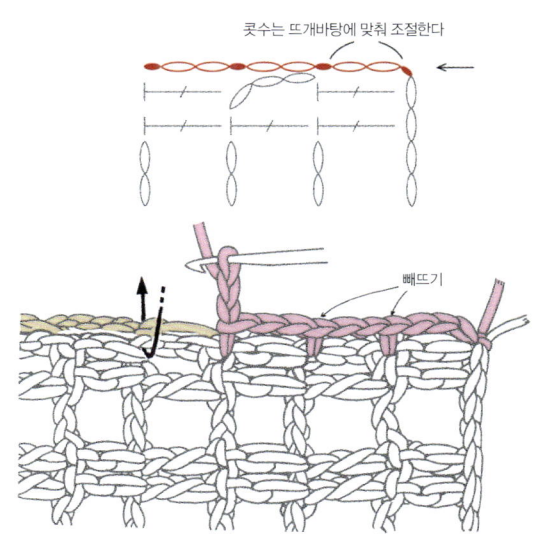

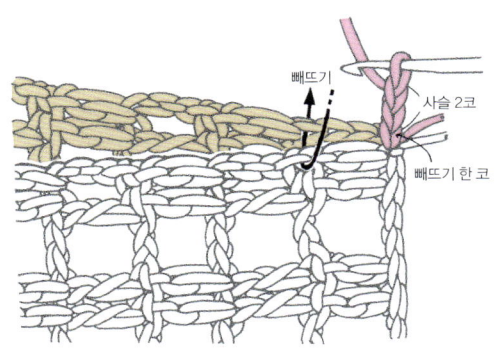

1 겉끼리 맞대어 잡고, 기초코의 사슬에 빼뜨기를 한 후 사슬 2코를 뜹니다.

2 '짧은뜨기와 사슬뜨기로 꿰매기'(46쪽)와 마찬가지로, 사슬의 콧수를 조절하면서 뜨개바탕에 빼뜨기를 합니다.

● 꿰매기·잇기를 하기 전에

작품을 깔끔하게 완성하려면 꿰매거나 잇기 전에 뜨개바탕의 치수를 재단 치수에 맞게 완성했는지 확인해야 합니다. 스팀다리미로 증기를 쐬어준 후 모양을 잡고 치수를 재어보세요.

● 꿰매기·잇기의 방향

뜨개를 뜬 방향과 같은 방향으로 진행해야 순서대로 코줍기가 쉽습니다. 깔끔하게 완성하려면 방향을 맞춰보세요.

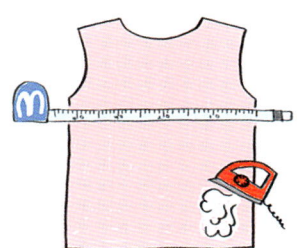

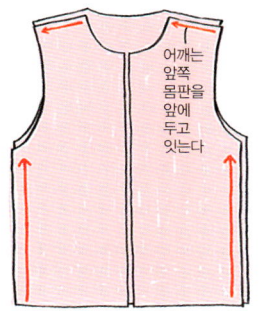

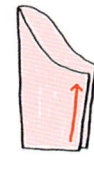

Q 테두리뜨기는 어디를 주워야 하나요?

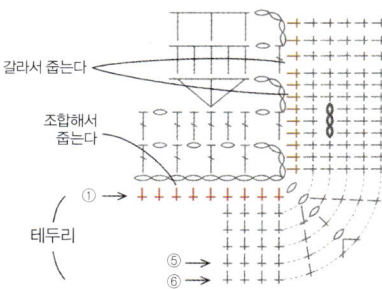

●줍기 시작

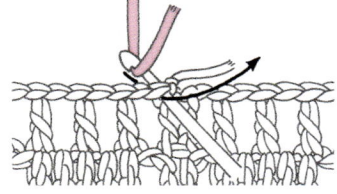

1 꿰맨 코에 바늘을 넣고 새 실을 빼냅니다.

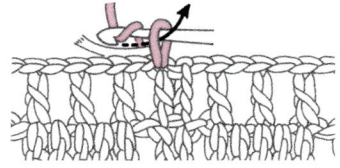

2 실 끝을 왼쪽으로 눕히고 사슬 1코를 뜹니다.

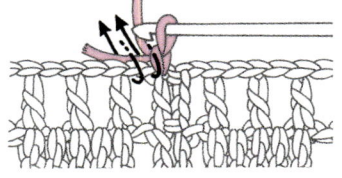

3 한길 긴뜨기 부분에서는 1코에 1코씩 짧은 뜨기를 하는데, 실 끝을 감싸듯이 뜹니다.

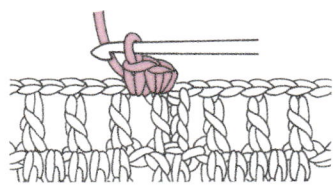

4 사슬 부분은 다발을 주워 짧은뜨기를 합니다.

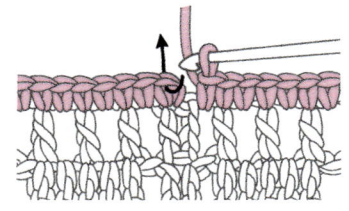

5 끝에서는 시작 부분의 짧은뜨기 머리에 바늘을 넣고 실을 걸어 빼냅니다.

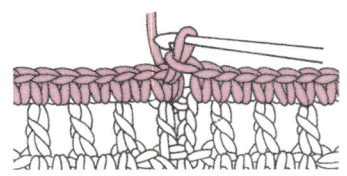

6 실을 빼냈습니다. 2단으로 넘어갑니다.

●코에서 줍기 (기초코 쪽)

밑단이나 소맷단 등을 뜰 때 코를 줍는 방법입니다. 한길 긴뜨기나 짧은뜨기 등 코가 촘촘한 뜨개바탕에서 주울 때는 코를 갈라서 줍고, 그물뜨기같이 구멍이 있는 뜨개바탕에서는 사슬코를 다발로 줍습니다. 촘촘한 부분과 빈 부분이 섞인 뜨개바탕에서는 두 가지 방법을 조합해서 줍습니다.

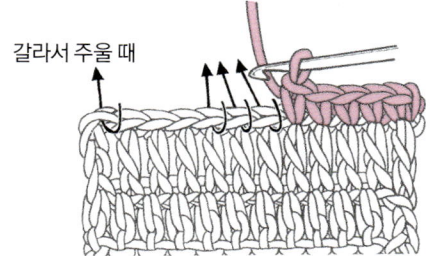

갈라서 주울 때

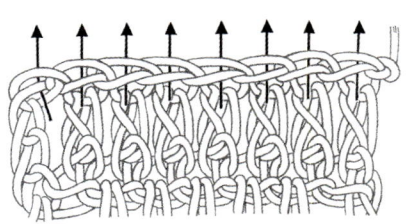

기초코의 사슬 2가닥을 주워서 뜹니다.

코와 단, 뜨개바탕의 종류에 따라 코를 줍는 위치가 다릅니다. 단에서 주울 때는 코를 갈라서 줍고, 기초코에서 주울 때는 뜨개바탕을 뜨고 남은 기초코의 실을 줍습니다.

다발을 주울 때

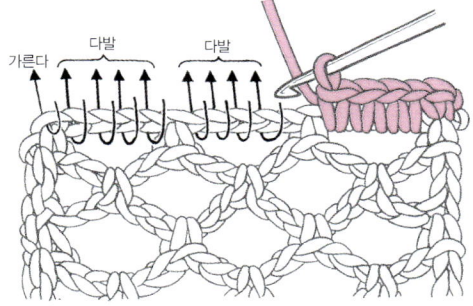

화살표같이 사슬코 아래로 바늘을 넣어 다발을 줍습니다. 뜨기 시작과 끝에서는 코를 갈라서 다발을 줍습니다.

조합해서 주울 때

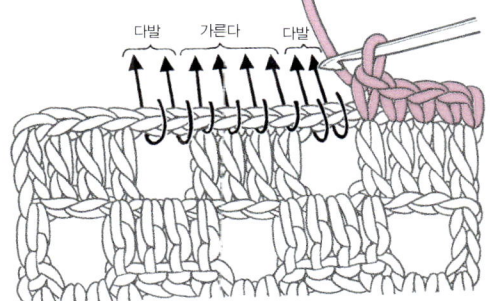

코가 촘촘한 곳에서는 1코씩 코를 갈라서 줍고, 빈 공간에서는 다발을 줍습니다.

● **단에서 줍기** 목둘레단이나 앞여밈단 등을 뜰 때 코를 줍는 방법입니다. 한길 긴뜨기나 짧은뜨기 등 코가 촘촘한 뜨개바탕에서 주울 때는 가장자리 코를 갈라서 줍고, 가장자리 코와 그 옆의 코의 간격이 벌어져 있을 때는 가장자리 코를 다발로 줍습니다. 촘촘한 부분과 빈 부분이 섞인 뜨개바탕에서는 두 가지 방법을 조합해서 줍습니다.

갈라서 주울 때

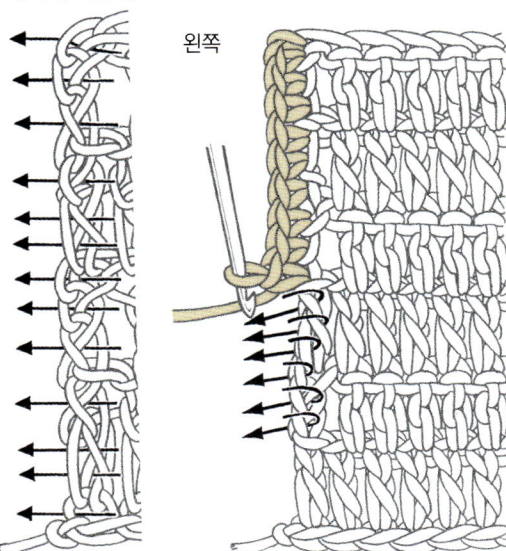

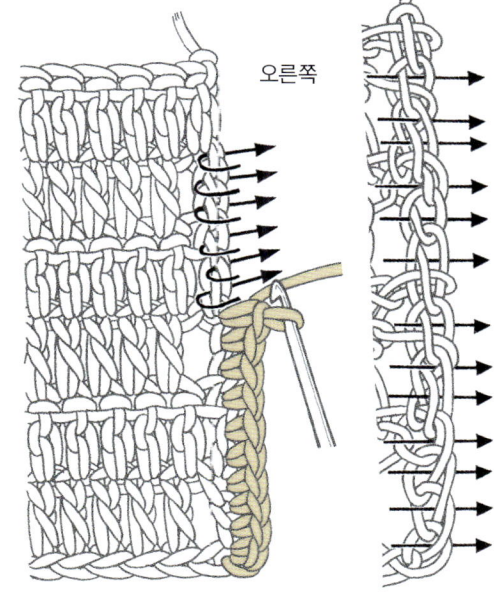

단의 가장자리 코가 한길 긴뜨기일 때나 기둥코인 사슬코일 때나, 항상 2가닥을 줍습니다.

왼쪽을 줍는 방법과 마찬가지로 2가닥을 줍습니다.

●코에서 줍기 (뜨기 끝 쪽)

목둘레단이나 조끼의 진동둘레단 등을 뜰 때 코를 줍는 방법입니다. '다발을 주울 때'와 '조합해서 주울 때'는 기초코 쪽(49쪽)과 요령이 같습니다.

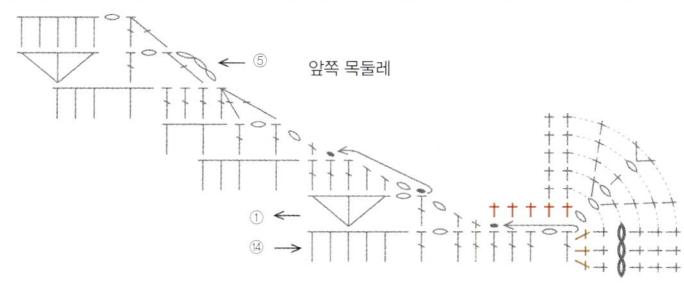

앞쪽 목둘레

갈라서 주울 때

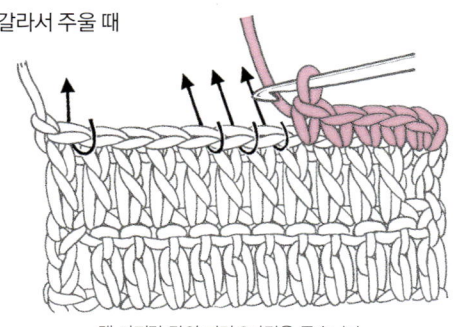

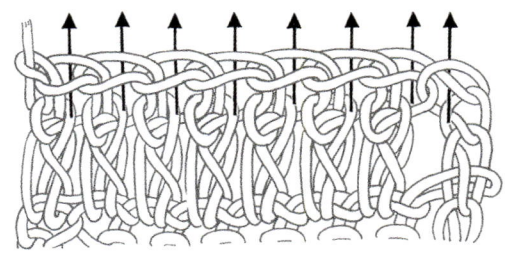

맨 마지막 단의 머리 2가닥을 줍습니다.

●곡선에서 줍기

곡선에서 주울 때는 코에서 줍는 방법과 단에서 줍는 방법을 조합해서 진행합니다.

코를 줄여서 만든 곡선

목둘레단, 조끼의 진동둘레단 등을 뜰 때 코를 줍는 방법입니다.

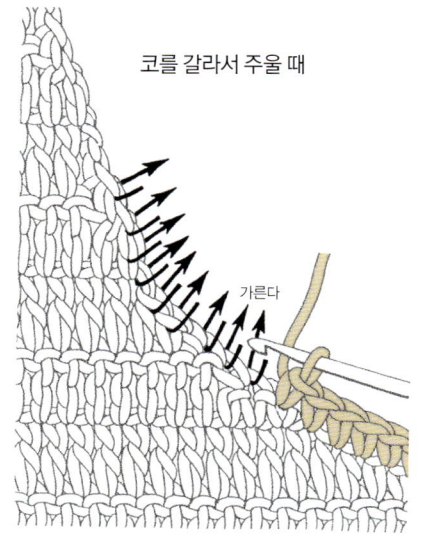

코를 갈라서 주울 때 / 가른다

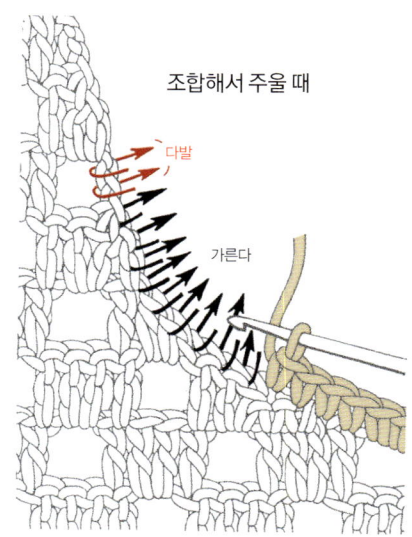

조합해서 주울 때 / 다발 / 가른다

50

코를 늘려서 만든 곡선

볼레로 앞판의 밑단 등을 뜰 때 코를 줍는 방법입니다.

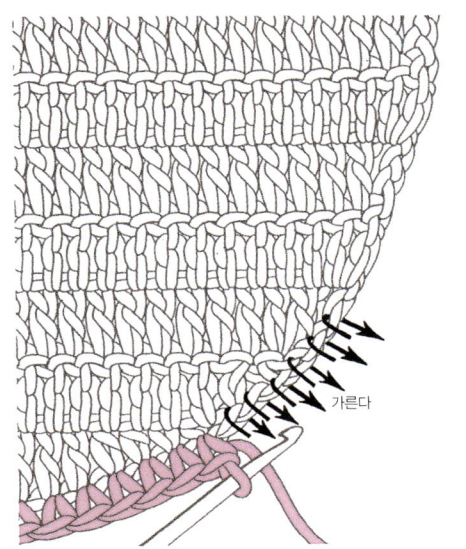

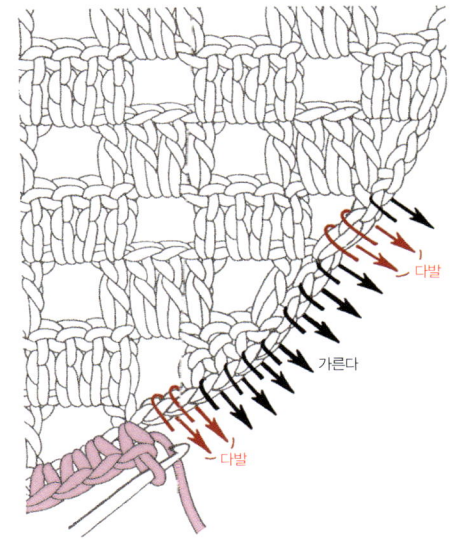

●경사에서 줍기

코를 줄이거나 늘려서 뜬 경사 부분에서 코를 줍는 방법입니다.

코를 갈라서 주울 때

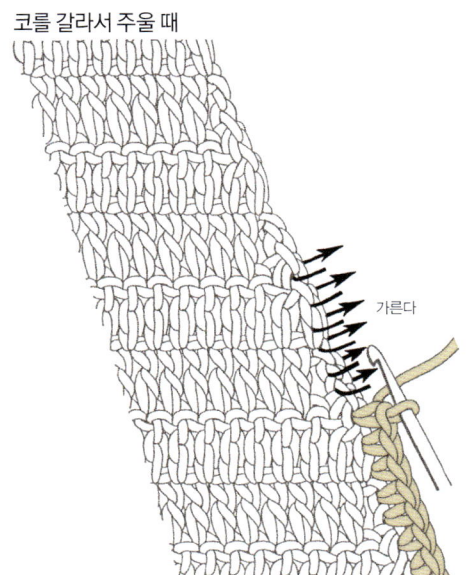

조합해서 주울 때

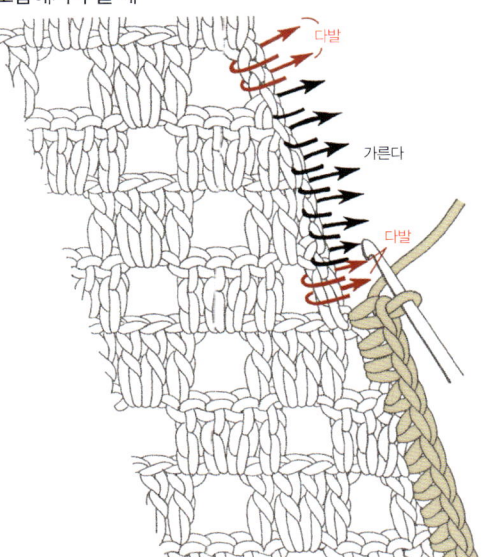

51

단춧구멍 뜨는 방법이 어려워요.

A 테두리뜨기를 하면서 만드는 단춧구멍은 뜨기는 쉬우나 나중에 고칠 수 없습니다.

●짧은뜨기로 만드는 단춧구멍

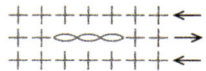

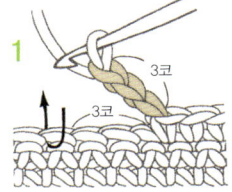
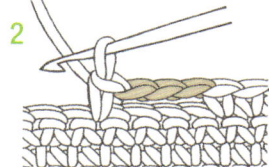
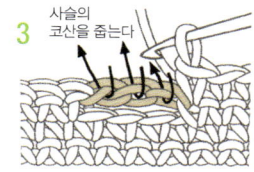
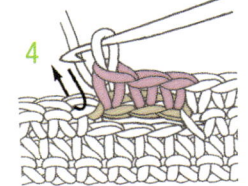

●짧은뜨기로 만드는 단춧고리

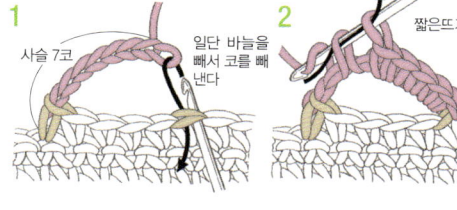
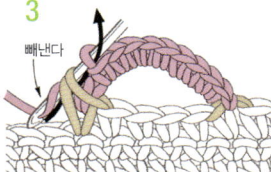
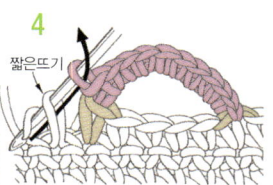

●빼뜨기로 만드는 단춧고리

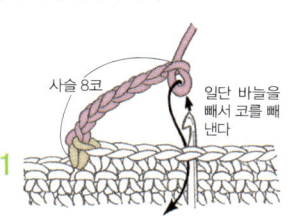
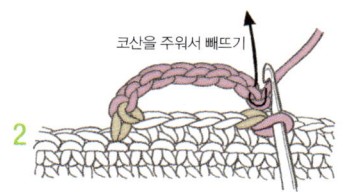
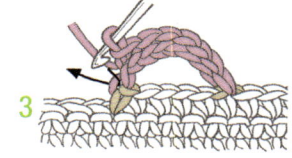

단추 다는 방법이 궁금해요.

A 단추는 단춧구멍 위치에 맞춰서 답니다. 뜨개바탕과 단추 간격은 뜨개바탕 두께에 맞춥니다. 실은 뜨개바탕과 같은 실을 사용하고, 아주 굵을 때는 실을 갈라서 사용합니다. 진주 단추처럼 겉쪽에 구멍이 뚫려 있지 않은 단추도 다는 방법은 같습니다.

● 일반적인 방법

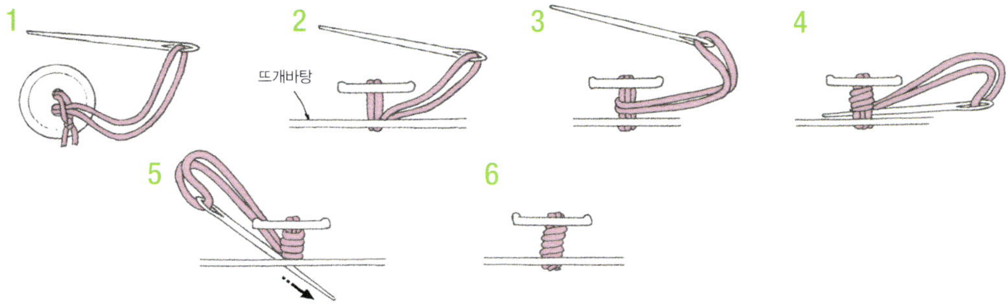

● 받침단추를 덧대어 다는 방법

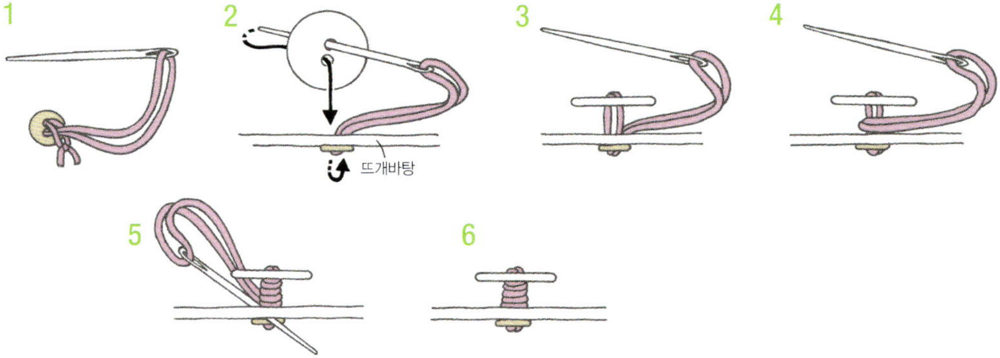

● 버튼홀 스티치로 만드는 단춧고리

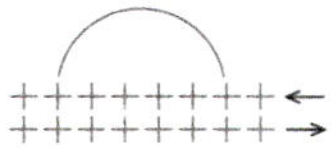

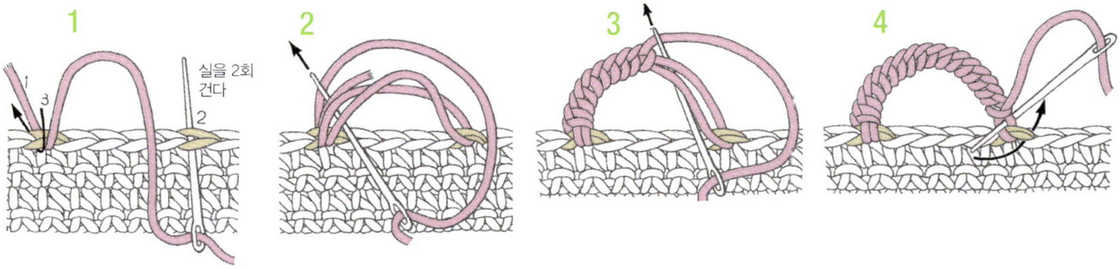

소매를 깔끔하게 달고 싶어요.

 흔히 소매를 얼마나 잘 달았느냐에 따라 작품의 완성도가 달라진다고 합니다. 초보자라면 빼뜨기로 꿰매어 달고, 평면적으로 말끔하게 달고 싶다면 사슬뜨기로 꿰매어 다는 것이 좋습니다. 어느 쪽이든 중간에 풀어서 다시 진행하기 쉽습니다. 만약 뜨개코가 꽉 찬 무늬뜨기를 했거나 소매산이 높은 디자인이라면 반박음질로 달아야 깔끔합니다.

● 소매 다는 순서

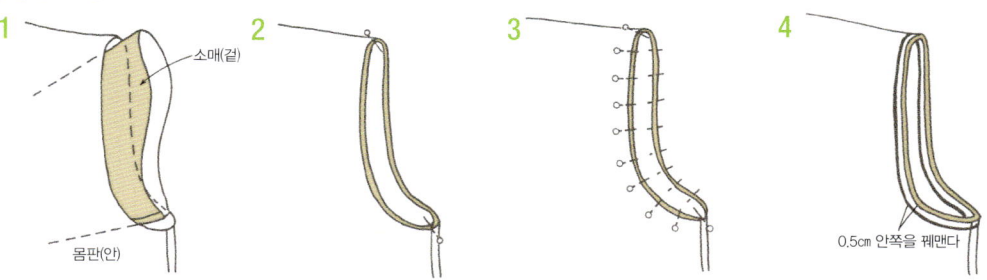

● 빼뜨기로 꿰매어 달기

몸판과 소매를 겉끼리 맞대어 잡고, 단의 가장자리 코를 갈라 바늘을 넣은 후 빼뜨기를 합니다. 빼뜨기를 한 코의 크기는 항상 일정해야 하고, 소매나 몸판 중 어느 한쪽이 밀리지 않도록 주의합니다.

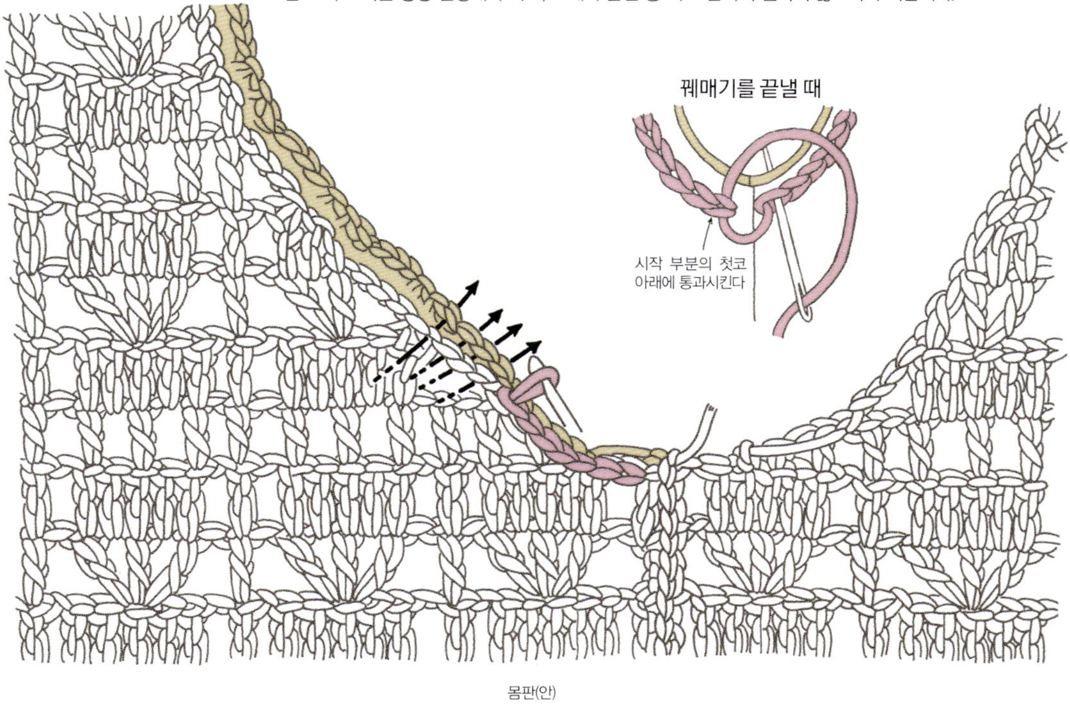

●코와 단을 꿰매어 달기

스퀘어 소매같이 직선으로 이루어진 뜨개바탕은 몸판과 소매를 겉이 보이게 맞대어놓고 휘감아서 꿰맵니다. 이때 꿰맬 부분을 4등분하여 실로 표시해놓고 한 구역씩 진행하면 두 뜨개바탕이 어긋나지 않습니다.

●사슬뜨기로 꿰매어 달기

몸판과 소매를 겉끼리 맞대어 잡고, 단의 가장자리 코를 갈라서 짧은뜨기(또는 빼뜨기)로 고정해나가며 꿰맵니다. 사슬코는 뜨개바탕의 길이에 맞춰 1~3코를 뜹니다.

●반박음질로 꿰매어 달기

몸판과 소매를 겉끼리 맞대어 잡고, 단의 가장자리 코를 갈라서 반박음질로 꿰맵니다. 돗바늘은 뜨개바탕에 수직으로 넣어야 하고, 한 땀씩 전진합니다.

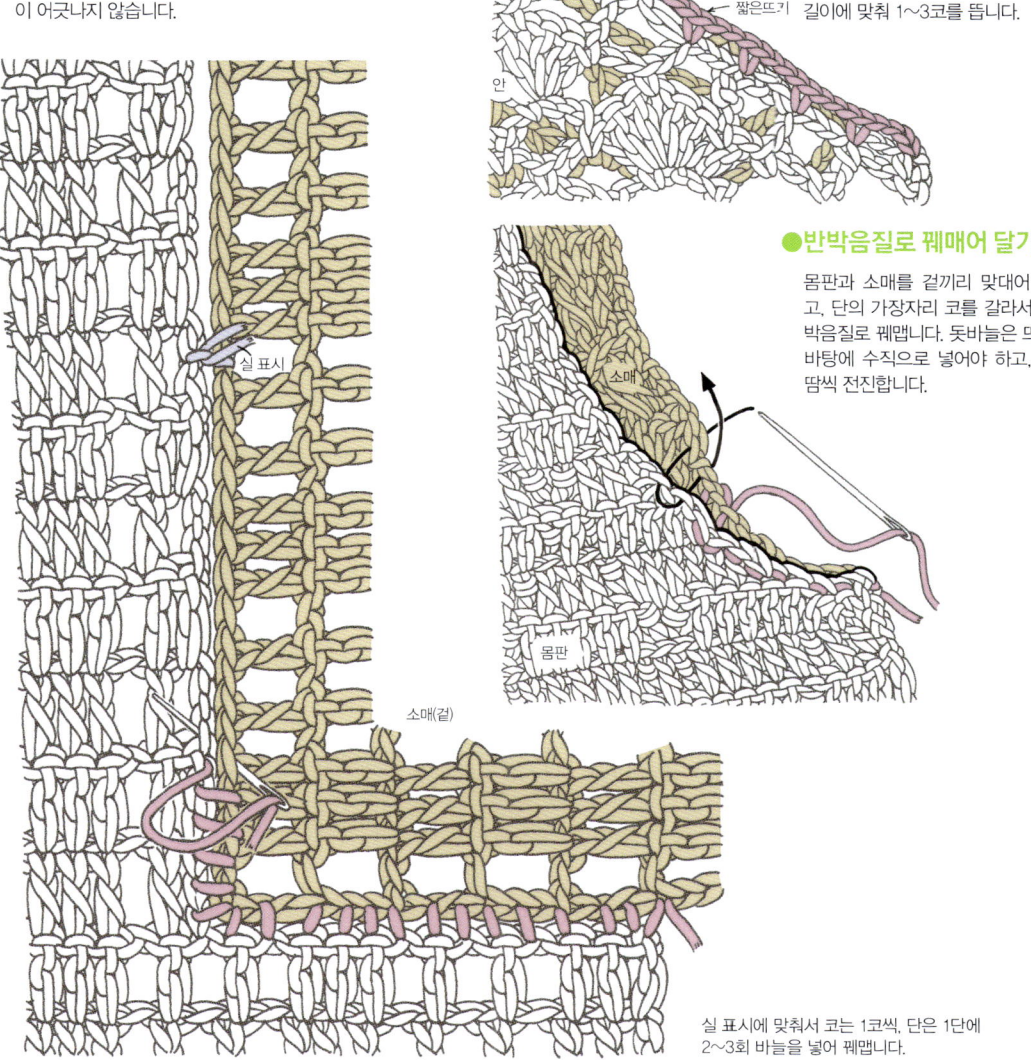

실 표시에 맞춰서 코는 1코씩, 단은 1단에 2~3회 바늘을 넣어 꿰맵니다.

모티브의 시작 부분이 어딘지 모르겠어요.

A 모티브의 기초코를 만드는 방법은 크게 두 가지가 있습니다. 손가락에 실을 감아 고리를 만드는 방법은 모티브의 중심이 조여지고, 사슬을 떠서 고리를 만드는 방법은 중심에 구멍이 뚫립니다.

●손가락에 실을 감아 원형코 만들기 (원형뜨기의 기초코)

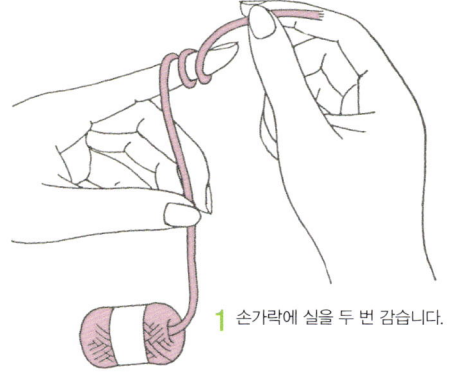

1 손가락에 실을 두 번 감습니다.

손가락으로 눌러 잡는다

2 고리를 벗겨서 긴 실을 걸고, 교차점을 엄지와 중지로 눌러 잡습니다.

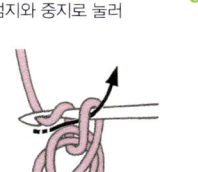

4 다시 한 번 실을 걸어 빼낸 뒤 코를 조입니다.

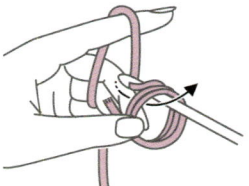

3 고리 안에 바늘을 넣고, 실을 걸어 빼냅니다.

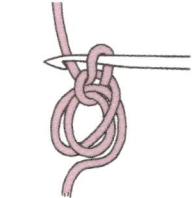

5 첫코를 완성했습니다. 이 코는 콧수에 들어가지 않습니다.

1단에서 코를 줍는 방법
단마다 기둥코를 뜨는 짧은뜨기

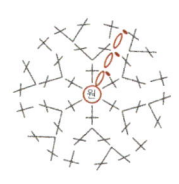

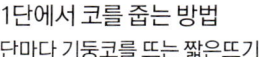

1 기둥코로 사슬 1코를 뜹니다.

2 고리 안으로 바늘을 넣고 실을 걸어 빼냅니다.

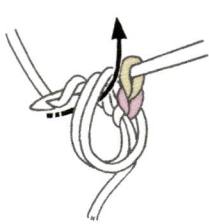

3 다시 실을 걸어 빼냅니다.

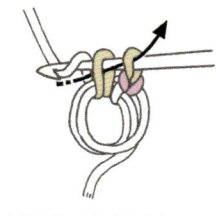

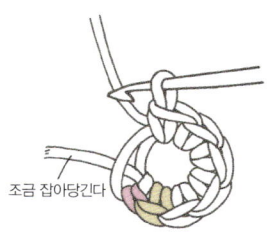

조금 잡아당긴다

4 2와 3을 반복해서 짧은뜨기를 6코 뜨고, 실 끝을 조금 당깁니다.

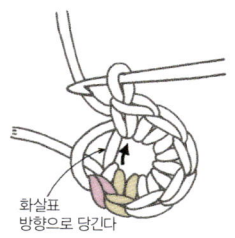

화살표 방향으로 당긴다

5 살짝 조여진 안쪽 고리를 화살표 방향으로 당겨서 고리를 조입니다.

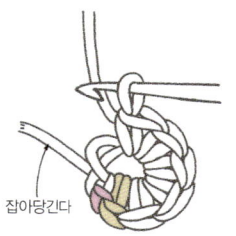

잡아당긴다

6 다시 실 끝을 당겨서 고리를 조입니다.

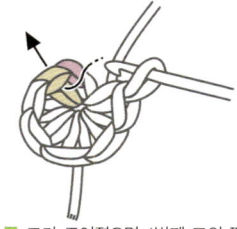

7 코가 조여졌으면 1번째 코의 짧은뜨기 머리에 바늘을 넣습니다.

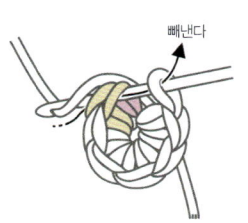
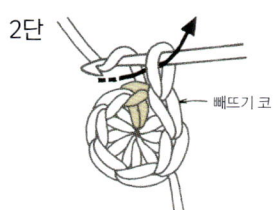
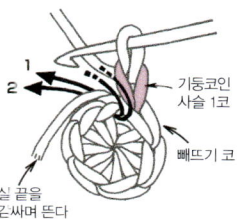

8 바늘에 실을 걸어 빼냅니다.

9 기둥코로 사슬 1코를 뜹니다.

10 2단에서는 실 끝을 뜨개코의 머리 위에 놓고 감싸듯이 서너 코를 뜹니다. 이어서 실 끝을 안쪽으로 밀어 놓고 나중에 정리합니다.

한길 긴뜨기

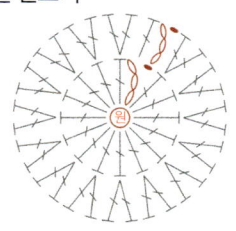
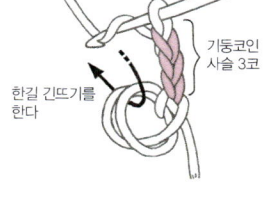
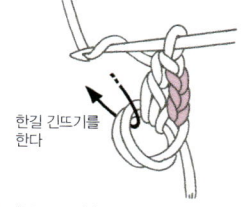

1 기둥코로 사슬 3코를 뜹니다. 기둥코를 1코로 세어 모두 16코를 뜹니다.

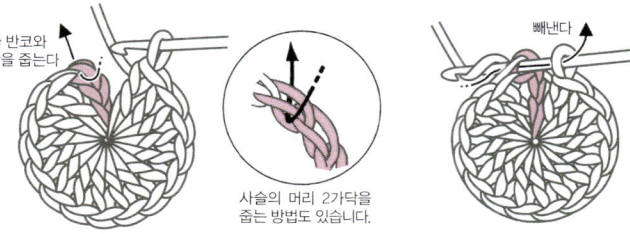
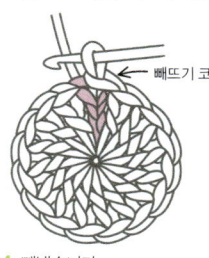

2 단의 끝에서는 기둥코인 사슬코에 바늘을 넣습니다.

사슬의 머리 2가닥을 줍는 방법도 있습니다.

3 바늘에 실을 걸고 한 번에 빼냅니다.

4 빼냈습니다.

2단

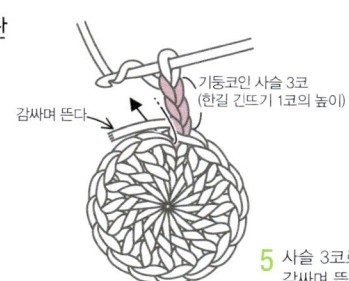
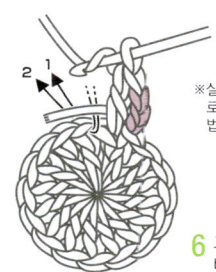

5 사슬 3코로 기둥을 세우고, 실 끝을 감싸며 뜹니다.

※실 끝을 감싸며 뜨지 않고, 나중에 돗바늘로 뜨개바탕 안쪽의 1단 다리에 감추는 방법도 있습니다.

6 고리 안에 바늘을 넣고, 실을 걸어 빼냅니다.

소용돌이 모양으로 뜨기

 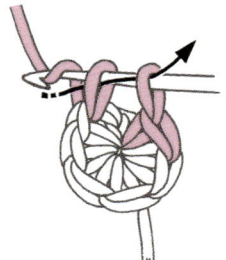 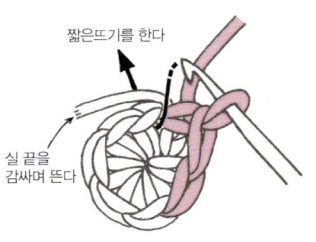 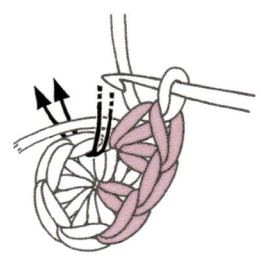

1 1단은 '단마다 기둥코를 뜨는 짧은뜨기' 7까지 (56쪽)와 똑같습니다.

2 2단은 1단 첫코인 짧은뜨기 머리에 바늘을 넣고 실을 걸어 빼낸 뒤 다시 실을 걸어 빼냅니다.

3 실 끝을 뜨개코 머리에 얹어 놓고 감싸며 뜹니다.

4 이제부터는 기호도를 따라 뜹니다.

●사슬의 양쪽에서 1단 줍기 (타원형으로 뜨기)

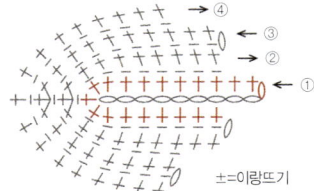

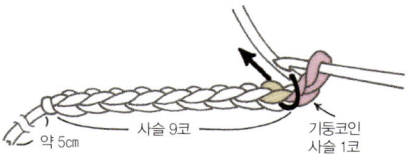 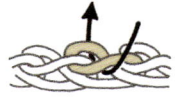 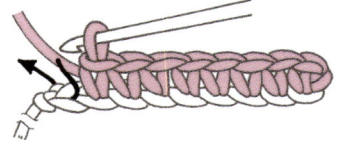

1 사슬뜨기로 기초코를 뜨고, 기둥코로 사슬을 1코 더 뜹니다.

2 사슬 반코와 코산을 줍습니다.

3 짧은뜨기를 9코 뜹니다.

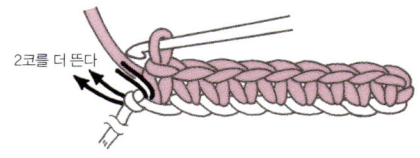 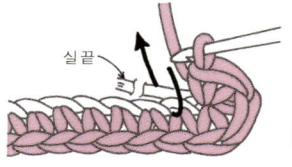 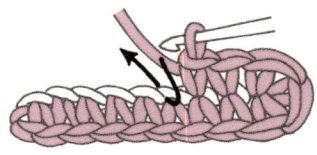

4 마지막 코(9번째 코)의 자리에 2코를 더 뜹니다.

5 뜨개바탕을 뒤집고, 사슬의 남은 1가닥을 줍습니다.

6 실 끝을 감싸며 짧은뜨기를 합니다.

●사슬뜨기로 원형코 만들기

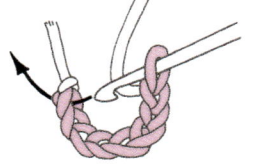
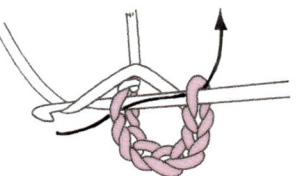
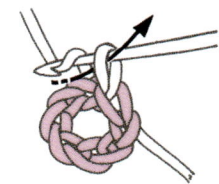

1 필요한 콧수(8코)만큼 사슬을 뜨고, 첫코의 반코와 코산에 바늘을 넣습니다.

2 실을 걸어 빼냅니다.

3 사슬뜨기로 만드는 기초코를 완성했습니다.

그물뜨기

그물뜨기에서는 다음 단으로 넘어갈 때 알아두면 편리한 특징이 있습니다. 일반적으로 산 높이의 절반만큼만 사슬을 뜨고, 남은 절반은 사슬 개수에 따른 뜨개코로 바꾸어 뜹니다.

1단

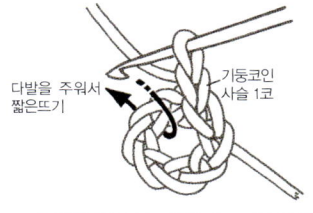
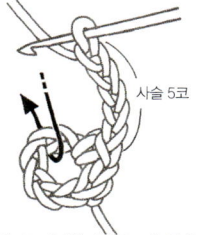
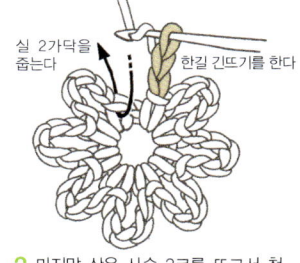

1 기둥코로 사슬 1코를 뜨고, 사슬로 만든 원형코에 짧은뜨기 1코를 뜹니다.

2 사슬 5코(1산), 원형코에 짧은뜨기 1코를 반복합니다.

3 마지막 산은 사슬 2코를 뜨고서 첫 코의 짧은뜨기에 한길 긴뜨기를 합니다.

2단

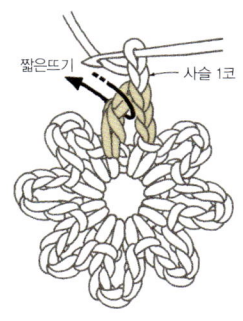
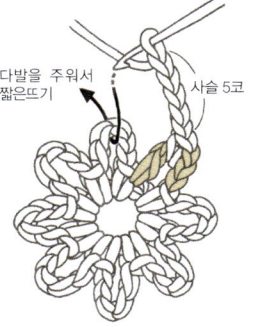
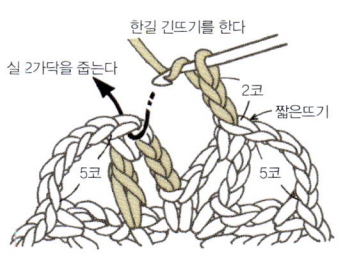

4 사슬 1코로 기둥코를 세우고, 한길 긴뜨기를 다발로 주워 짧은뜨기 1코를 뜹니다.

5 사슬 5코를 뜨고, 앞단의 산을 다발로 주워서 짧은뜨기를 합니다.

6 2단 끝에서는 1단과 같은 요령으로 뜹니다.

빼뜨기로 기둥을 세우는 방법

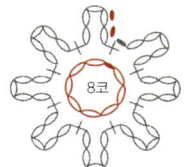
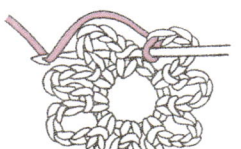
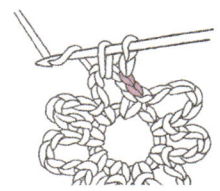

1 1단 끝에서는 첫코인 짧은뜨기에 빼뜨기를 합니다.

2 이어서 첫 산의 사슬 2코에 빼뜨기를 하고 2단으로 넘어갑니다.

모티브를 깔끔하게 끝내고 싶어요.

A 깔끔하게 마무리할 수 있는 '돗바늘로 끝내는 방법'과 작은 모티브를 많이 연결할 때 알맞은 '코바늘로 끝내는 방법'이 있습니다.

● **사슬로 끝나는 경우**

돗바늘로 끝내기

1 마지막 사슬 3코입니다. 우선 사슬 2코를 뜨고서 실을 빼냅니다.

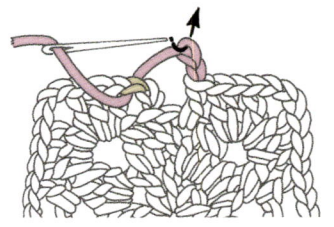

2 돗바늘에 실 끝을 꿰어 시작 부분의 짧은뜨기 머리에 넣습니다.

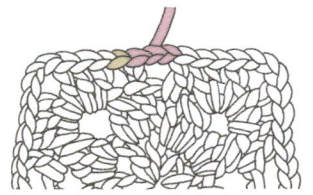

3 다시 사슬코에 바늘을 통과시켜서 1코를 만듭니다. 코 안면에 2, 3회 얽어서 매듭을 짓습니다.

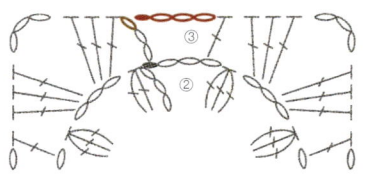

코바늘로 끝내기

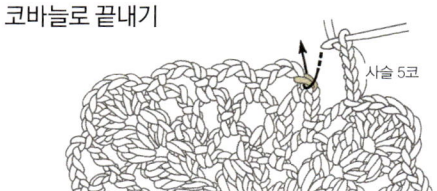

1 마지막 사슬 5코를 뜨고, 짧은뜨기 코에 빼냅니다.

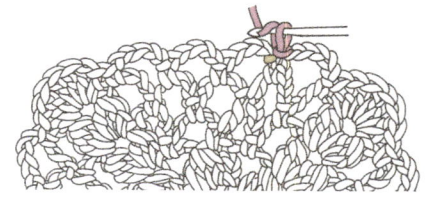

2 다시 한 번 바늘에 실을 걸어 빼내고, 실 끝을 5~8㎝ 남기고 자릅니다.

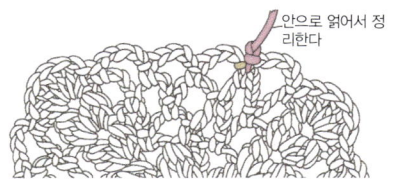

3 실 끝을 돗바늘에 꿰어 안면에 얽어서 정리합니다.

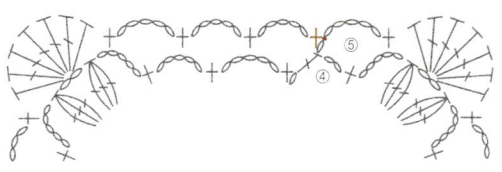

●한길 긴뜨기로 끝나는 경우

돗바늘로 끝내기

1 사슬 1코(2가닥)를 주워 돗바늘을 통과시킵니다.

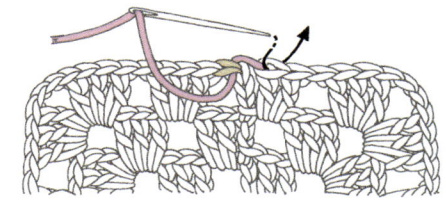

2 기둥코의 다음 사슬에 바늘을 통과시키고, 다시 본래의 한길 긴뜨기로 돌아옵니다.

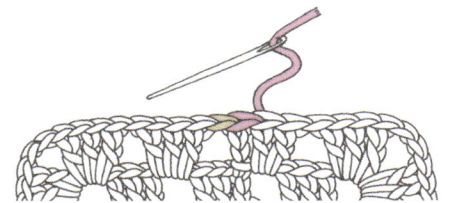

3 실 끝을 안면으로 빼내고, 이어서 다시 실 끝을 당겨서 좌우의 코와 크기를 맞춥니다.

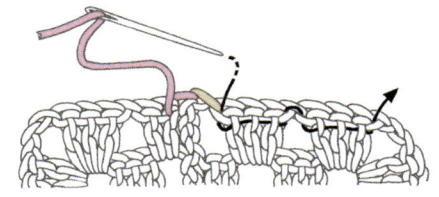

4 뜨개코의 안면에 화살표처럼 3~5㎝ 얽은 후 실 끝을 자릅니다.

코바늘로 끝내기

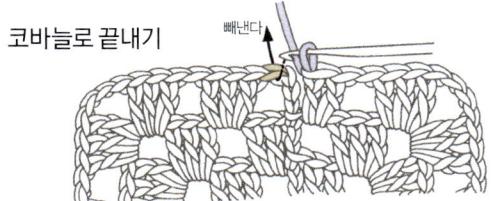

1 기둥코의 다음 코(사슬코)에 바늘을 넣고 실을 걸어 빼냅니다.

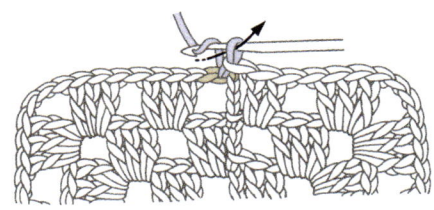

2 다시 한 번 바늘에 실을 걸어 빼내고, 실 끝을 고리로 빼냅니다.

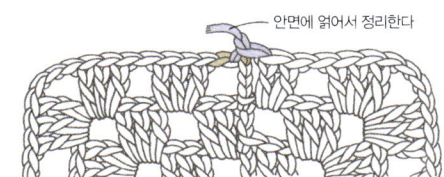

3 실 끝을 5~7㎝ 남겨서 자르고, 안면에 얽어서 정리합니다.

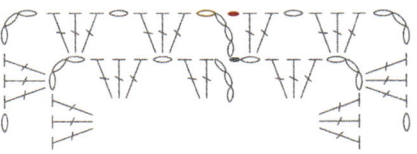

Q 색을 바꿀 때 실 바꾸는 방법을 잘 모르겠어요.

● **실을 자르지 않고 바꾸기**
단마다 색이 바뀌는 경우

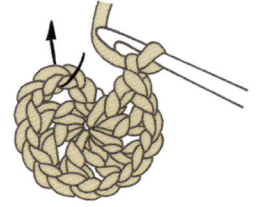

1 1단 끝에서 화살표같이 바늘을 넣습니다.

2 1단의 실과 2단의 실을 같이 바늘에 걸고, 2단의 실만 빼냅니다.

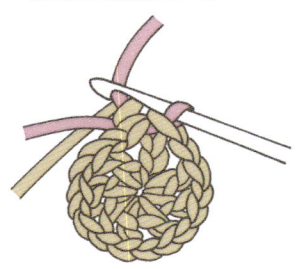

3 1단 실을 감싸듯이 사슬을 뜹니다.

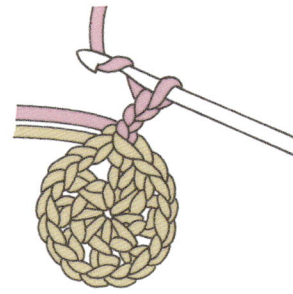

4 기둥코로 사슬 3코를 떴습니다.

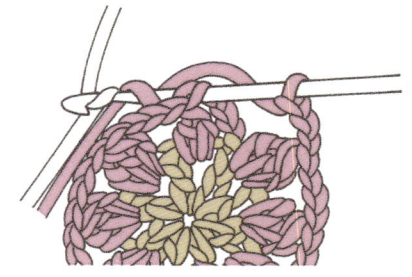

5 2단 끝에서도 1단과 같은 요령으로 3단의 실로 바꿉니다.

반복되는 배색일 경우

반복해서 배색할 때는 모티브 안면에서 뜨는 단까지 실을 끌어올려 뜹니다.

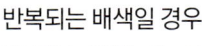

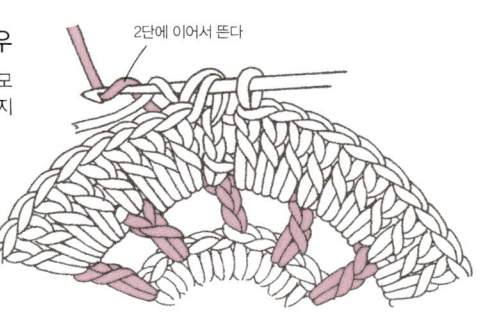

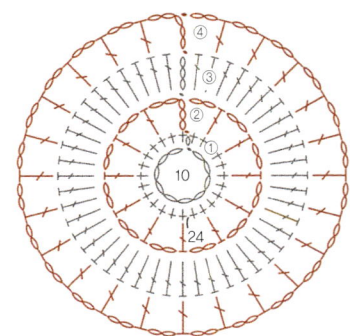

배색실을 정해진 위치에서 깔끔하게 바꾸는 것이 중요합니다. 배색실이 나중에 풀어져서 따로따로 분리되지 않도록 실을 정리하는 방법까지 알아두세요.

●실을 자르고 새 실 걸기

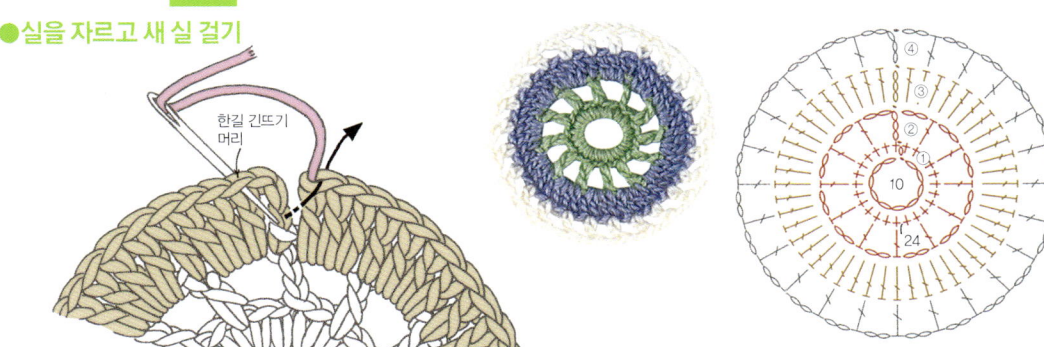

1 1단 끝입니다. 돗바늘에 실 끝을 꿰어 한길 긴뜨기의 머리에 통과시켜 1코를 만듭니다.

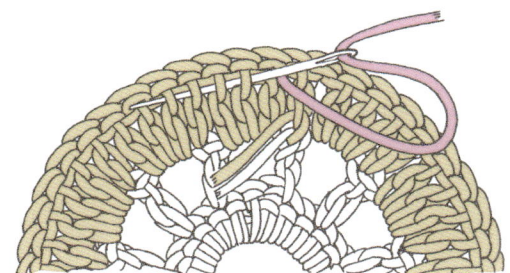

2 실 끝을 안면 뜨개코에 2~3cm 얽어서 정리합니다.

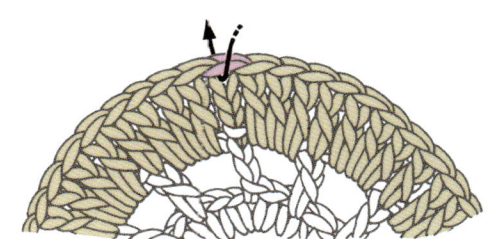

3 화살표의 코에 코바늘을 넣어 새 실을 걸어 빼냅니다.

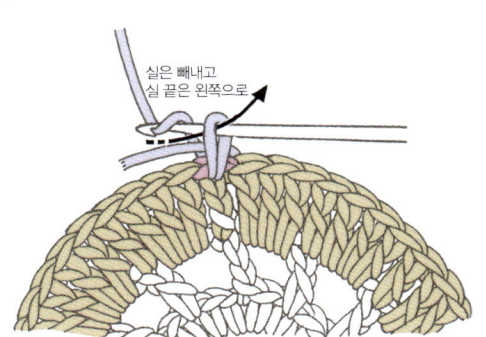

4 실 끝을 긴 실의 위로 교차해 왼쪽으로 보내고, 사슬 1코를 뜹니다.

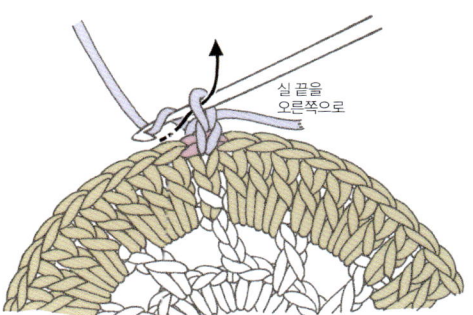

5 실 끝을 다시 오른쪽으로 보내고, 기둥코의 콧수만큼 사슬을 뜹니다. 이후부터는 평소같이 뜹니다.

Q 입체 모티브는 어떻게 떠야 하나요?

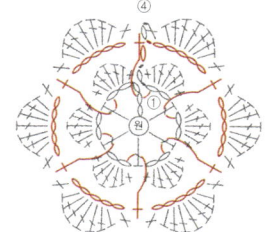

1단

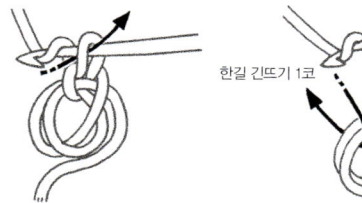

1 손가락에 실을 감아 원형코를 만들고, 사슬 3코로 기둥을 세운 다음 2코를 더 뜹니다.

2 한길 긴뜨기 1코, 사슬 2코를 반복합니다.

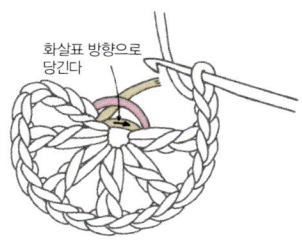
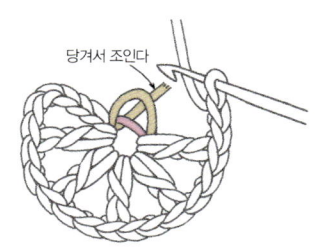
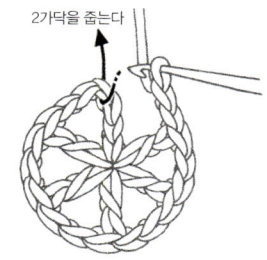

3 먼저 실 끝을 조금 당겨서 고리를 조이고, 이어서 안쪽의 고리를 화살표 방향으로 당깁니다.

4 다시 실 끝을 당겨서 고리를 조입니다.

5 끝에서는 기둥코의 코에 빼뜨기를 합니다.

2단

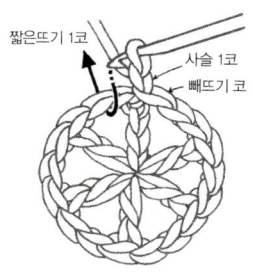
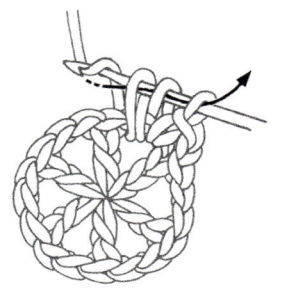

6 사슬 1코로 기둥을 세우고, 앞단 사슬 2코에 꽃잎을 뜹니다.

7 꽃잎을 뜰 때는 먼저 다발을 주워서 사슬 2코를 뜨고, 짧은뜨기, 긴뜨기, 한길 긴뜨기를 조합해 7코를 뜹니다.

8 앞단 사슬 2코에 꽃잎을 1장 떴습니다.

꽃잎이 겹쳐진 것처럼 보인다 하여 이런 모티브를 '입체 모티브'라고 부릅니다. 입체 모티브는 2회째의 꽃잎을 뜨는 3단에 독특한 특징이 있습니다. 3단을 뜨는 두 가지 방법을 알아봅니다.

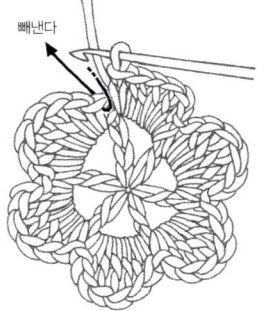

9 끝에서는 시작 부분의 짧은뜨기에 빼뜨기를 합니다.

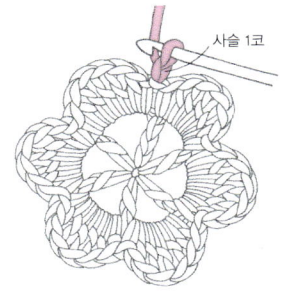

10 기둥코로 사슬 1코를 뜹니다.

3단(겉을 보고 뜨다)

11 1회째 꽃잎을 앞으로 눕히고, 1단의 한길 긴뜨기 다리에 '짧은 뒤걸어뜨기'를 1코 뜹니다.

3단(안을 보고 뜨다)
감춰지는 토대이므로 뜨는 방향을 바꾸어도 같은 느낌으로 완성됩니다.

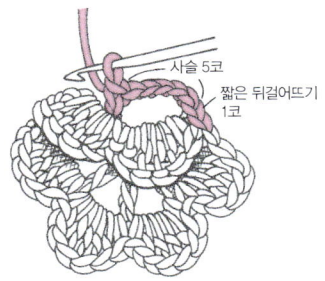

12 '사슬 5코, 짧은 뒤걸어뜨기 1코'를 반복합니다.

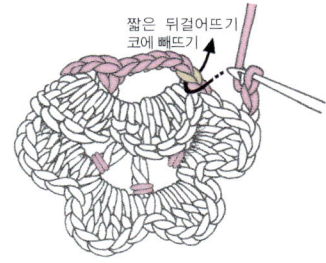

13 끝에서는 시작 부분의 짧은 뒤걸어뜨기 코에 빼뜨기를 합니다.

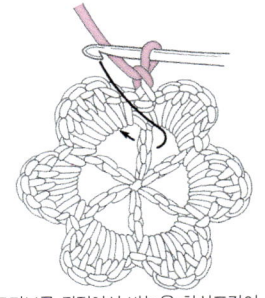

11 모티브를 뒤집어서 바늘을 화살표같이 넣어 한길 긴뜨기의 다리를 줍고, 짧은 앞걸어뜨기를 1코 뜹니다.

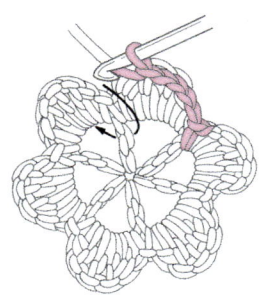

12 '사슬 5코, 짧은 앞걸어뜨기 1코'를 반복합니다.

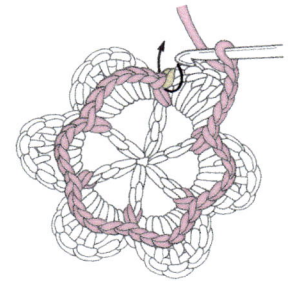

13 끝에서는 시작 부분의 짧은 앞걸어뜨기 코에 빼뜨기를 합니다.

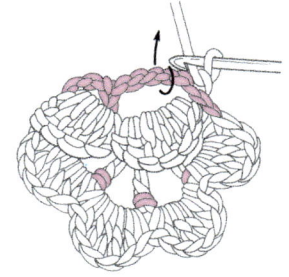

14 겉으로 뒤집고, 4단은 뜨던 대로 계속 진행합니다.

뜨면서 연결하는 쉬운 방법이 있나요?

● **빼뜨기로 연결하기**

사슬의 중심코에서 연결합니다. 사슬 5코의 그물뜨기에서는 3번째 코에서 연결합니다.

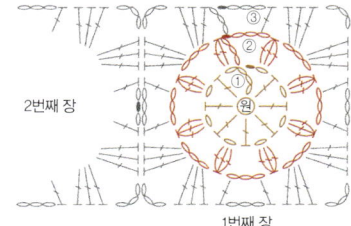

2번째 장

1번째 장

안면

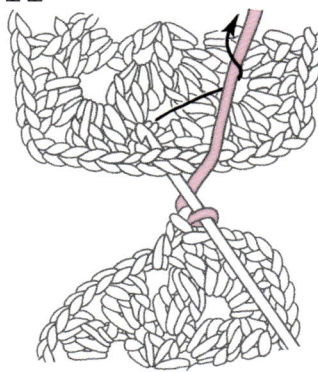

1 사슬 1코를 뜨고, 상대 모티브의 사슬고리에 안쪽부터 바늘을 넣습니다.

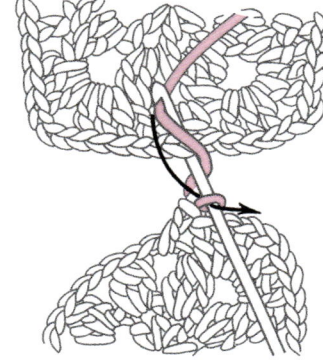

2 실을 걸어 빼냅니다.

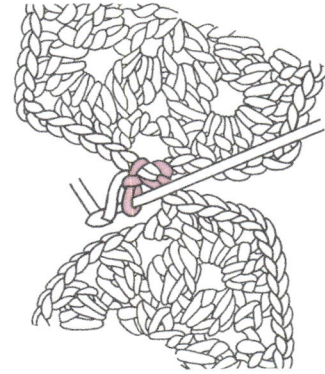

3 계속해서 사슬 1코를 뜹니다.

겉면

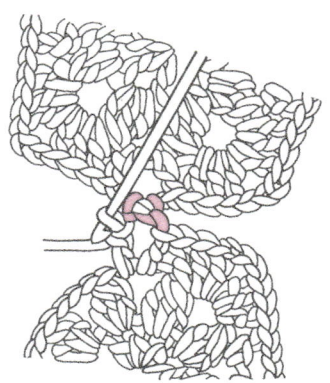

4 뜨던 모티브로 돌아와서 한길 긴뜨기를 1코 뜹니다. 연결된 모습입니다.

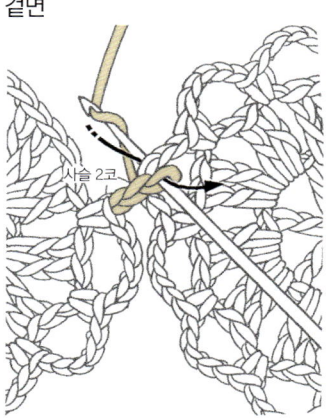

1 사슬 2코를 뜨고, 상대 모티브의 사슬 고리에 겉에서 바늘을 넣어 빼뜨기를 합니다.

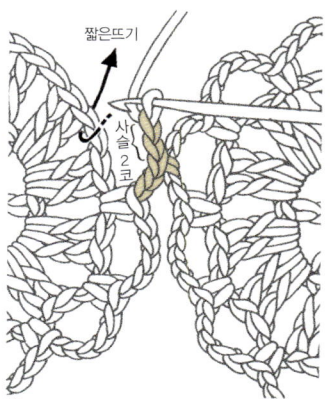

2 사슬 2코를 뜨고, 뜨던 모티브로 돌아와 짧은뜨기를 1코 뜹니다.

가장 쉬운 방법은 빼뜨기로 연결하는 것입니다. 사슬코의 중심에서 상대 모티브에 빼뜨기를 하면 됩니다.

●빼뜨기로 모티브 4장 연결하기

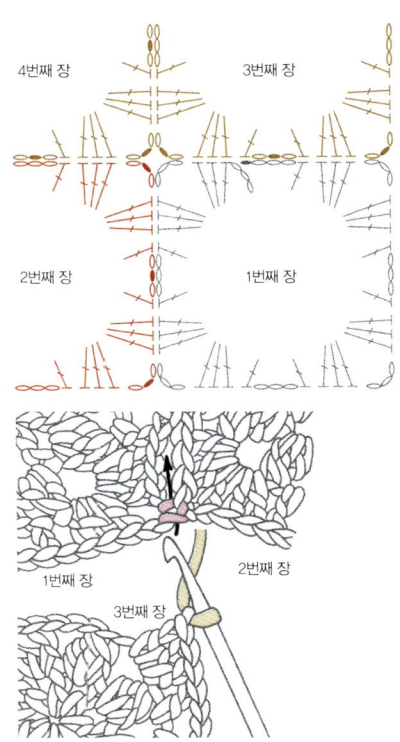

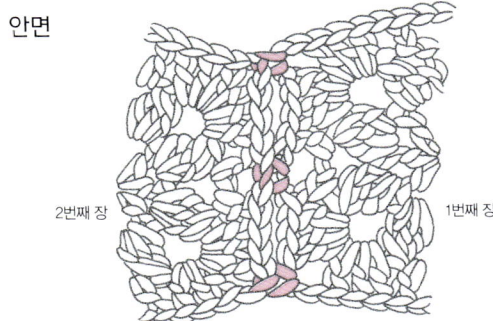

1 2번째 장에서 우선 사슬 1코를 뜨고, 1번째 장의 사슬고리에 바늘을 넣어 빼뜨기를 합니다.

2 다시 사슬 1코를 뜨고 2번째 장으로 돌아옵니다.

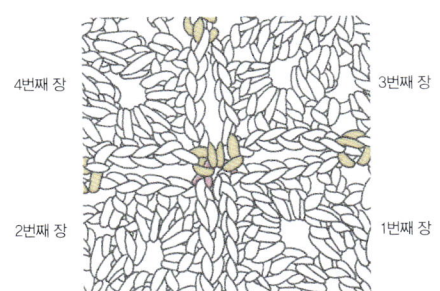

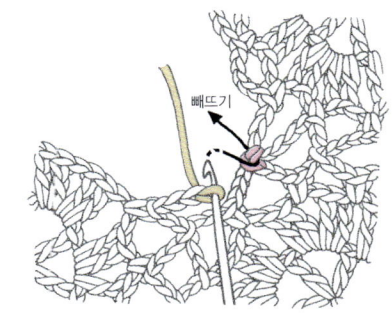

3 3번째 장에서는 2번째 장과 같은 요령으로, 2번째 장의 빼뜨기 다리에 바늘을 넣어 빼뜨기 합니다. 4번째 장도 같은 방법으로 연결합니다.

3번째 장에서는 화살표같이 2번째 장의 빼뜨기 다리에 바늘을 넣습니다. 4번째 장에서도 같은 요령으로 빼뜨기를 합니다.

Q 짧은뜨기로도 연결할 수 있나요?

● 짧은뜨기로 연결하기

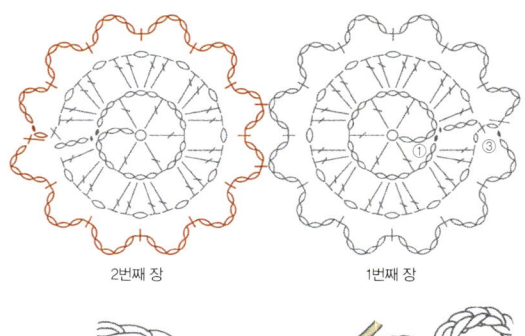

2번째 장　　　　　1번째 장

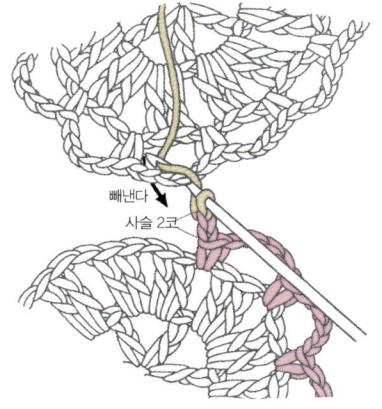

1 사슬 2코를 뜨고, 1번째 장 모티브의 안쪽에서 바늘을 넣어 실을 걸어 빼냅니다.

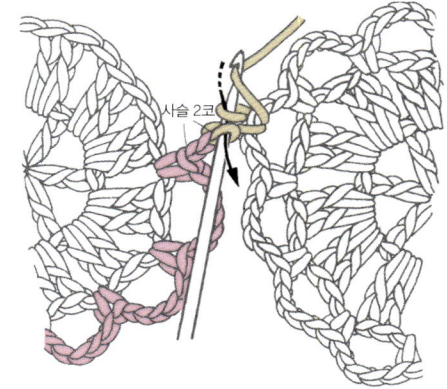

2 다시 실을 걸어 빼냅니다.

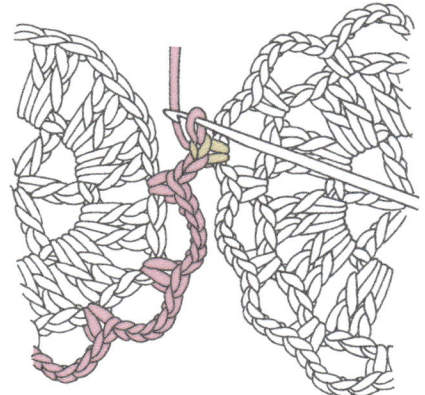

3 짧은뜨기를 완성했습니다. 짧은뜨기는 안면을 향하게 됩니다.

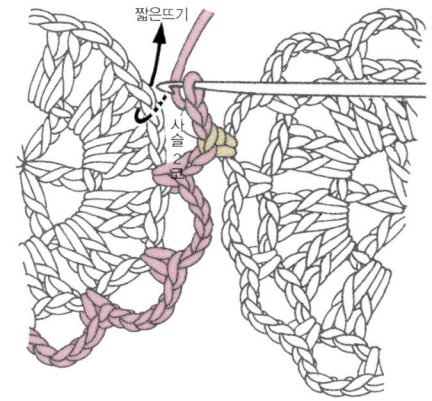

4 이후부터는 뜨던 대로 진행합니다.

연결할 수 있습니다. 다만 짧은뜨기의 방향이 안면을 향하게 됩니다. 상대 모티브의 사슬고리를 줍는 방법과 실 거는 방법을 알아보겠습니다.

● 짧은뜨기로 모티브 4장 연결하기

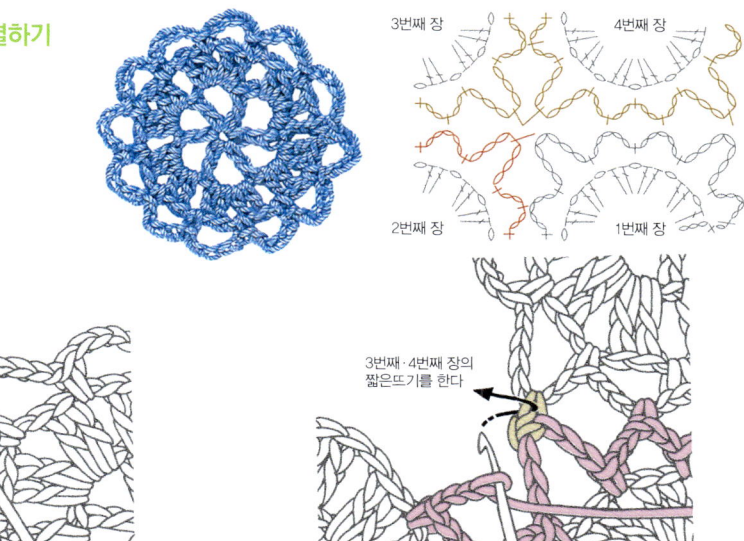

1. 2번째 장에서는 사슬 3코를 뜨고, 1번째 장의 사슬고리에 짧은뜨기를 합니다.

2. 3번째 장에서는 2번째 장의 짧은뜨기 다리(실 2가닥)에 바늘을 넣고 실을 걸어 빼냅니다.

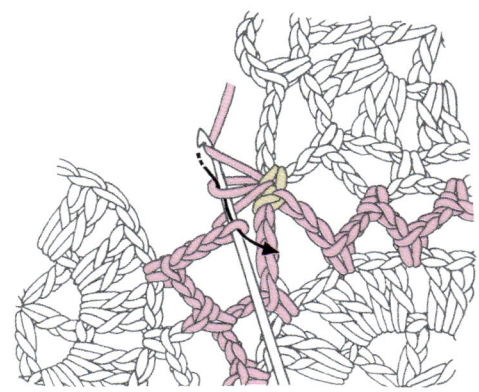

3. 다시 한 번 실을 걸어 빼냅니다.

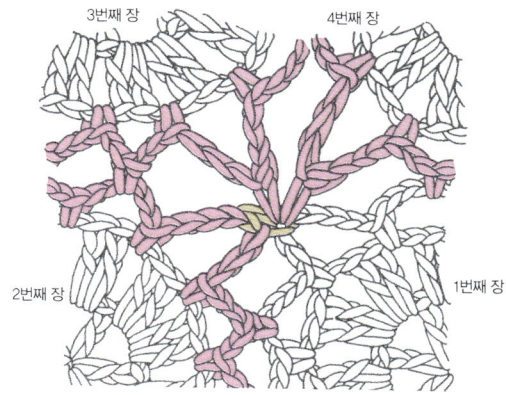

4. 4번째 장도 3번째 장의 짧은뜨기 다리에 짧은뜨기를 합니다.

Q 한길 긴뜨기끼리는 어떻게 연결하나요?

● 한길 긴뜨기로 연결하기
한 변의 전체 코 연결하기

모티브를 확실하게, 안정적으로 이을 수 있습니다.

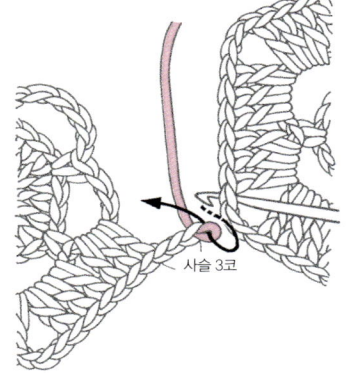

1 바늘을 빼고, 1번째 장 모티브의 사슬코 머리를 주워 벗겨 냈던 코를 빼냅니다.

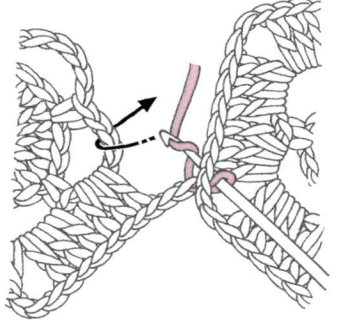

2 그 옆 한길 긴뜨기 머리에 바늘을 넣습니다. 바늘에 실을 걸고, 사슬고리에 바늘을 넣어서 실을 걸어 빼냅니다.

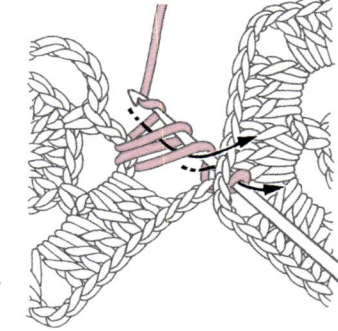

3 다시 실을 걸어 두 번 빼냅니다.

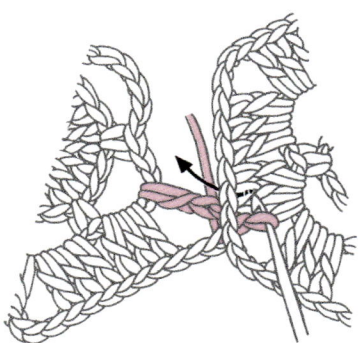

4 2번째 코도 2·3과 같은 요령으로 진행하면 됩니다.

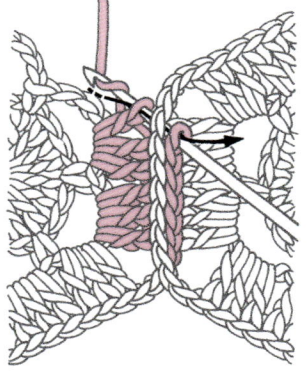

5 한길 긴뜨기의 마지막 코도 상대 모티브의 머리에 바늘을 넣어 뜹니다.

한길 긴뜨기를 뜨면서 연결하면 됩니다. 모티브 한쪽 변의 전체 코를 연결하는 경우와 꽃잎의 중심 1코만 연결하는 경우가 있습니다.

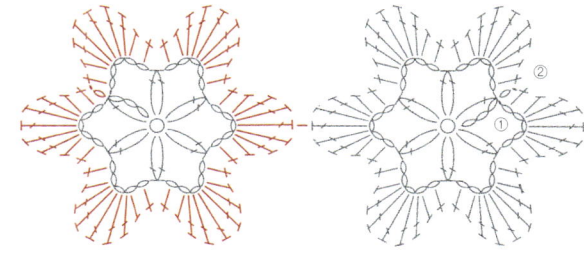

꽃잎의 중심 1코만 연결하기

모티브의 마지막 꽃잎에서 연결합니다. 단, 시작 쪽에서 연결하면 연결한 모티브도 함께 움직이게 되어 뜨개바탕이 비틀리거나 뜨기 어렵습니다.

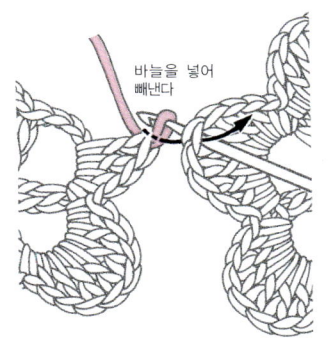

1 꽃잎의 중심코에서 연결합니다. 5번째 코인 한길 긴뜨기를 뜨기 전에 상대 꽃잎의 중심코에 바늘을 넣어 코를 뺍니다.

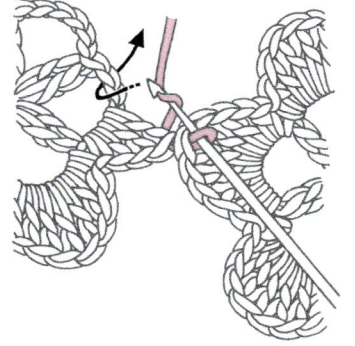

2 바늘에 실을 걸고, 사슬고리에 바늘을 넣어서 실을 걸어 빼냅니다.

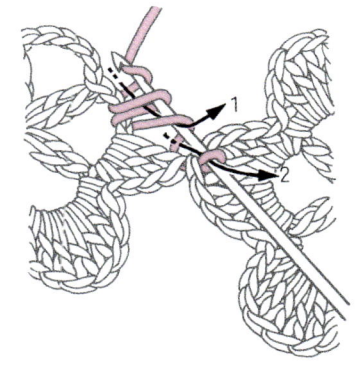

3 다시 실을 걸어 두 번 빼냅니다.

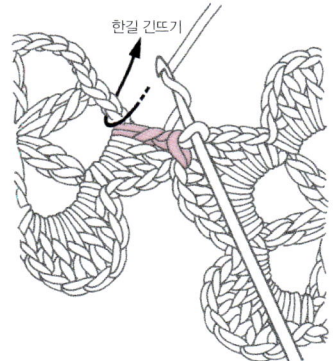

4 이후부터는 뜨개 기호를 따라 뜹니다.

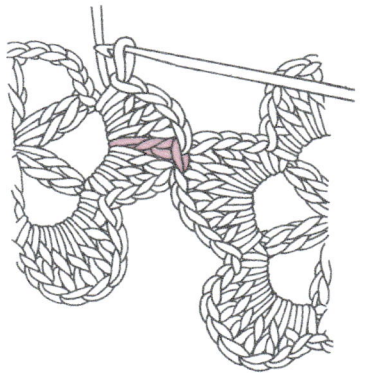

5 모티브를 연결하면서 꽃잎 1장을 뜬 모습입니다.

다 뜬 모티브를 나중에 연결하는 방법이 궁금해요.

 다 뜬 모티브를 나중에 연결하는 쉬운 방법은 반코를 휘감는 것입니다. 뚜렷한 변이 있는 4각, 6각, 8각 모티브에 알맞은 방법으로, 한 장씩 떠놓을 수 있어 편리합니다. 모티브의 크기도 일정하게 유지되어 초보자도 물론 쉽게 할 수 있습니다.

● 반코 휘감기

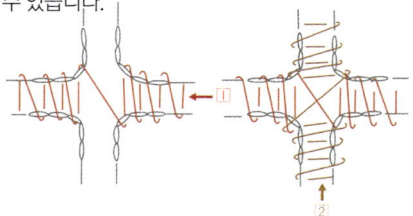

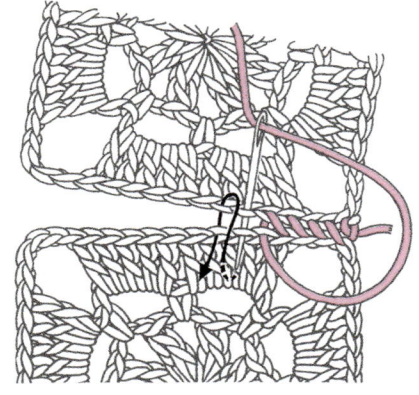

1 모티브를 겉이 보이게 맞대어놓고, 돗바늘에 실을 꿰어 안쪽의 반코씩 주워 휘감습니다.

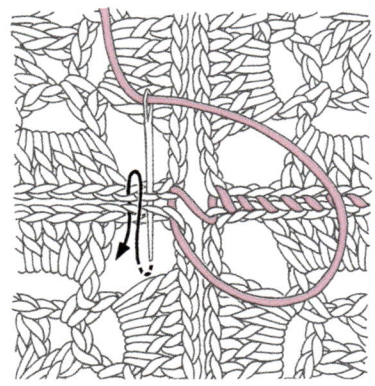

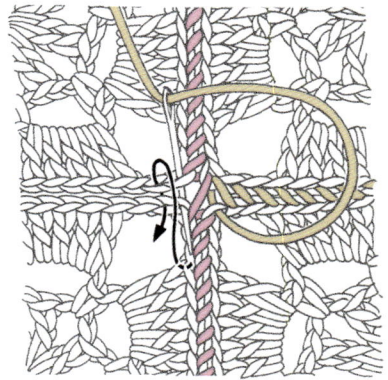

2 다음 모티브로 이동할 때도 실을 자르지 않고 계속해서 같은 요령으로 휘감습니다.

3 ②의 방향도 같은 요령으로 휘감습니다. 네 장이 만나는 곳은 실이 ×자로 교차돼야 합니다.

연결하는 코도 디자인에 포함시킬 수 있나요?

 모티브를 다 떠놓고 나중에 짧은뜨기로 연결하면, 짧은뜨기 자체가 줄무늬를 이루어 입체적으로 보입니다.

● 짧은뜨기로 연결하기

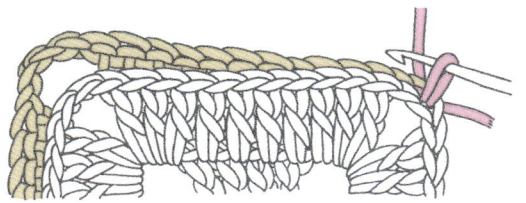

1 두 장을 겉끼리 맞대어 잡고 모서리 코에 실을 새로 겁니다.

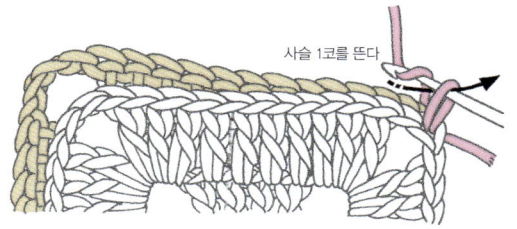

2 실을 빼내 사슬 1코를 뜹니다.

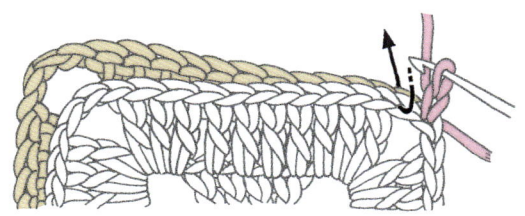

3 안쪽의 반코씩 주워 실을 걸어 빼냅니다.

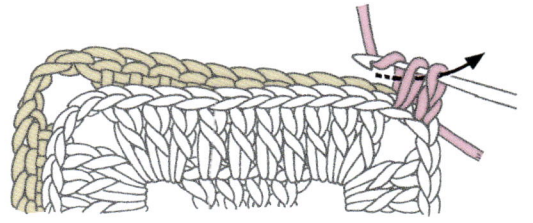

4 다시 실을 걸어 빼냅니다.

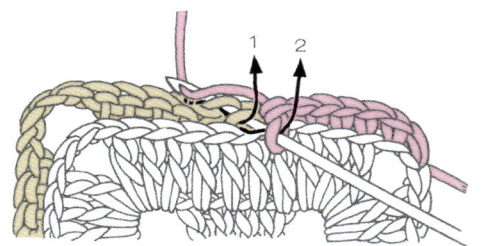

5 3·4를 반복해서 짧은뜨기로 모티브 두 장을 연결합니다.

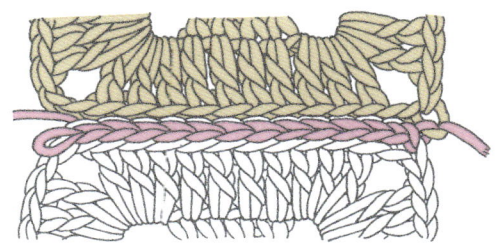

6 연결한 모티브 두 장을 펼치면 이런 모습입니다.

끈을 뜨는 여러 가지 방법을 알고 싶어요!

 뜨개바탕과 같은 실로 뜬 끈은 스웨터의 옷깃이나 볼레로의 장식 등 여러 곳에 쓸 수 있습니다. 자주 사용하는 세 가지 끈을 알아보겠습니다.

●스레드 끈

 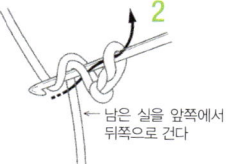 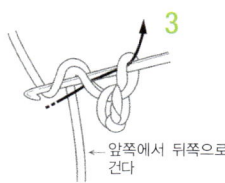 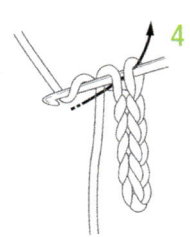

1 뜨고 싶은 길이의 3배를 남긴다
2 남은 실을 앞쪽에서 뒤쪽으로 건다
3 앞쪽에서 뒤쪽으로 건다
4

●이중사슬뜨기
사슬을 두 줄로 나란히 뜨는 방법

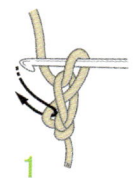 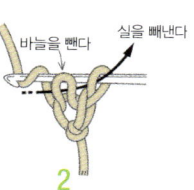 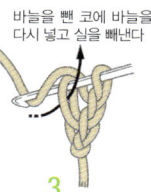 

1
2 바늘을 뺀다 / 실을 빼낸다
3 바늘을 뺀 코에 바늘을 다시 넣고 실을 빼낸다
4

사슬의 코산에 빼뜨기를 하는 방법

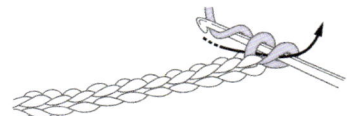

1 사슬뜨기를 하고, 사슬의 코산을 주워서 빼뜨기를 합니다.

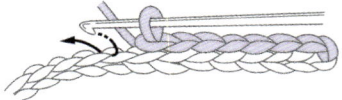

2 이중사슬뜨기를 완성한 모습입니다.

●새우뜨기

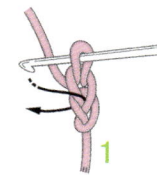 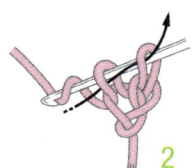 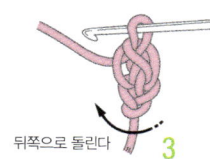 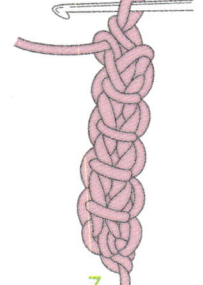

1
2
3 뒤쪽으로 돌린다

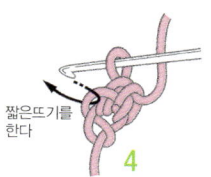 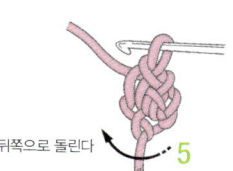 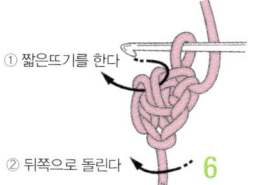

4 짧은뜨기를 한다
5 뒤쪽으로 돌린다
6 ① 짧은뜨기를 한다 ② 뒤쪽으로 돌린다
7

KAGIBARI-AMI NANDEMO Q&A SHUKUSATUBAN (NV70322)
Copyright © NIHON VOGUE-SHA 2015
All rights reserved.
First published in Japan in 2015 by Nihon Vogue Co., Ltd.
Photographer : Yoko Kimura
Designers of the projects in this book: Tomoko Ishizuka, Kuniko Hayashi
This Korean edition is published by arrangement with Nihon Vogue Co., Ltd, Tokyo
in care of Tuttle-Mori Agency, Inc., Tokyo through Botong Agency, Seoul.

이 책의 한국어판 저작권은 Botong Agency를 통한 저작권자와의 독점 계약으로 한스미디어가 소유합니다.
저작권법에 의하여 한국 내에서 보호를 받는 저작물이므로 무단전재와 복제를 금합니다.

이럴땐이렇게
코바늘 손뜨개
무엇이든 Q&A

1판 1쇄 발행 | 2016년 11월 24일
1판 2쇄 발행 | 2023년 05월 11일

지은이 일본보그사 편
옮긴이 김현영
펴낸이 김기옥

실용본부장 박재성
편집 실용2팀 이나리, 장윤선
마케터 이지수
판매 전략 김선주
지원 고광현, 김형식, 임민진

한국판 디자인 푸른나무디자인
인쇄·제본 민언 프린텍

펴낸곳 한스미디어(한즈미디어(주))
주소 121-839 서울시 마포구 양화로 11길 13(서교동, 강원빌딩 5층)
전화 02-707-0337 | 팩스 02-707-0198 | 홈페이지 www.hansmedia.com
출판신고번호 제 313-2003-227호 | 신고일자 2003년 6월 25일

ISBN 979-11-6007-064-4   13590

책값은 뒤표지에 있습니다.
잘못 만들어진 책은 구입하신 서점에서 교환해 드립니다.

일본의 수예 독자들에게 10년 이상 사랑받고 있는 스테디셀러
〈무엇이든 Q&A〉 시리즈!

독자들이 가장 궁금해 하는 질문과 그 해결 방법을 휴대가 편리한 콤팩트한 판형으로 만나보세요!

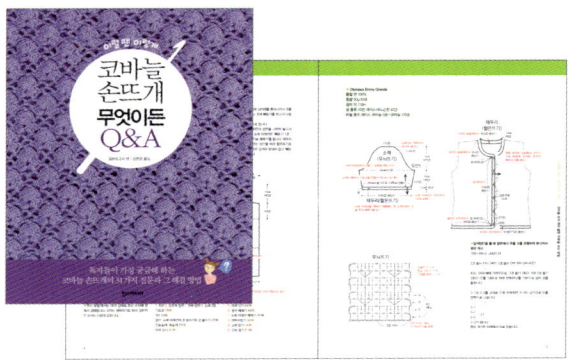

이럴 땐 이렇게
코바늘 손뜨개 무엇이든 Q&A
일본보그사 편 | 김현영 옮김 | 76쪽 | 12,000원

코바늘로 스웨터를 뜰 때나 모티브를 이어서 작품을 만들 때 방법을 몰라서 난감했던 적이 있나요? 그런 궁금함이 생겼을 때 이 책에서 해결 방법을 찾아보세요!

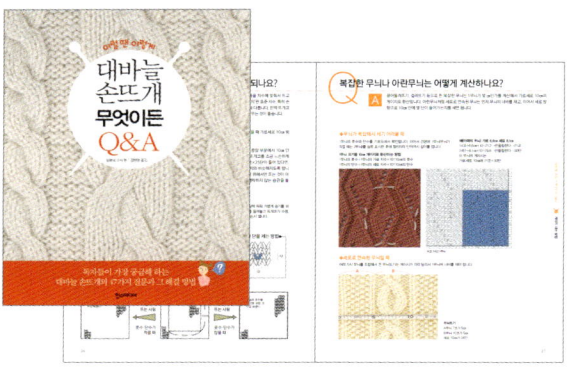

이럴 땐 이렇게
대바늘 손뜨개 무엇이든 Q&A
일본보그사 편 | 김현영 옮김 | 84쪽 | 12,000원

마음에 드는 작품을 뜰 때의 입문서로 질문(Question)과 답변(Answer) 형식으로 이해하기 쉽게 해설합니다. 남성용 아란무늬 스웨터와 여성용 무늬뜨기 카디건을 예로 들어, 바늘 잡는 법부터 실을 거는 법, 뜨개 도안·무늬 도안 보는 법, 마무리하는 법까지 친절하게 답변합니다.

이럴 땐 이렇게
자수 무엇이든 Q&A
일본보그사 편 | 강수현 옮김 | 100쪽 | 9,800원

기본적인 스티치, 크로스스티치, 아주르 자수, 드론워크, 하덴거 자수, 컷워크, 아플리케, 스모킹 자수, 리본 자수, 비즈 자수, 미러 워크를 수놓는 법부터 의문점까지, Q&A 형식으로 소개합니다.